KB074916

21세기 CEO를 위한 제언
명화로 읽는 군주론

일러두기 – 옮긴이주는 *로 표시했다.

IL PRINCIPE

&

PICTURES

— 21세기 CEO를 위한 제언 —

명화로 읽는 군주론

니콜로 마키아벨리 지음 | 박준희 편저 | 김경숙 옮김

아이네북스

차례
contents

제2부 시민 정치, 군대 정치, 교회 정치

제3부 이상적인 군주와 정치

15세기에 이탈리아 중부 토스카나 주의 주도 피렌체는 메디치 가문이 다스렸다. 이후 피렌체는 르네상스 시대를 상징하는 도시로 성장했다.

피렌체 군주 로렌초 데 메디치(Lorenzo de Medici(1449-1492). 이탈리아 르네상스 시대 피렌체의 정치 지배자로, 뛰어난 외교 수완과 문화적 교양을 지녔던 인물이다. 북부 이탈리아 국가들과 평화를 유지하며 메디치 가문의 독재 체제를 굳혔다.

헌사

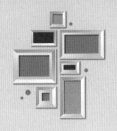

니콜로 마키아벨리가
위대한 로렌초 데 메디치
전하에게 올립니다

군주의 총애를 얻고자 하는 이들은 보통 자신이 가장 귀하게 여기거나 군주의 환심을 사기 쉬운 선물을 그에게 바칩니다. 그리하여 군주는 군사 병기나 말 혹은 오색찬란한 비단이나 보석 등 군주의 위엄을 과시하기에 충분한 장식품을 선물로 받는 데 익숙합니다.

저 또한 전하에게 충성심을 표함으로써 제가 전하의 진정한 충신임을 증명하고 싶습니다. 그러나 저는 제가 가진 것 가운데 가장 귀하고 가치 있는 것은 물질적인 결과물이 아닌 제가 현대에 대한 장기적인 체험과 고대사에 대한 꾸준한 연구를 통해 얻은 위인들의 업적에 관한 지식이라고 생각합니다. 저는 심사숙고 끝에 이러한 지식에 대해 오랜 기간 열심히 연구하고 고민한 결과를 한 권의 책으로 만들어 전하께 바치기로 했습니다.

나폴레옹 3세Napoléon III 저택의 식당.

    저는 이 책이 전하의 마음을 얻기에 부족한 점이 많다 할지라도 전하께서 자비를 베푸시어 받아 주실 것이라고 굳게 믿습니다. 이 책은 제가 오랜 세월 힘들게 얻은 모든 지식과 깨달음을 전하께서 빨리 이해하시도록 쓴 것으로, 제가 전하께 드릴 수 있는 최고의 선물이기 때문입니다. 저는 다른 이들과 달리 이 책을 꾸미기 위해 듣기 좋은 문구나 과장되고 화려한 수식어, 눈길을 끄는 자극적인 문구 등은 사용하지 않았으며 외관의 장식도 생략했습니다. 저는 표면적인 장식으로 칭찬받기보다 이 책의 참신한 내용과 웅장한 주제를 통해 가치를 인정받고 싶습니다.

비천한 신분의 제가 감히 군주의 통치 사상과 행위를 논하고 그 방향을 제시하는 것이 자칫 무례로 비칠까 두렵습니다만, 저는 이것을 지도를 그리는 사람의 입장에 비유하고 싶습니다. 그들은 산이나 다른 높은 지역의 성질을 파악하기 위해 평지로 내려가고, 낮은 평원의 특징을 관찰하기 위해 산봉우리에 오릅니다. 같은 이치로, 시민을 진정으로 이해하려면 군주의 자리에 올라 봐야 하며 군주를 이해하려면 시민이 되어 봐야 합니다.

그러니 전하께서 부디 제 뜻을 헤아리시어 초라하지만 진심이 담긴 제 선물을 받아 주시기 바랍니다. 전하께서 이 책을 진지하게 대하여 인내를 가지고 읽어 주신다면, 전하 스스로 전하의 운명과 타고난 능력을 통해 위대한 업적을 달성하기를 바라는 저의 간절한 소망을 느끼실 수 있을 것입니다. 또한 훗날 전하께서 당신이 계시는 높은 곳에서 여기 이 낮은 곳으로 눈을 돌리실 일이 있다면, 제가 불행한 운명이라는 지독하고도 엄청난 고통을 어떻게 견뎌 내고 있는지도 알게 되실 겁니다.

피렌체에 있는 메디치–리카르디 궁전. 1444년부터 약 100년 동안 메디치 가문의 궁전이었으나 1659년부터는 리카르디 가문에서 소유해 두 가문의 이름이 모두 붙게 되었다.

정복되기 전까지는 자신들의 법에 따라 자유롭게 살아온 국가를 다스리는 방법에는 세 가지가 있습니다. 첫째는 그들을 멸망시키는 것이고, 둘째는 정복자가 직접 그곳에 정착하는 것이고, 셋째는 그들이 계속해서 자신들의 법률에 따라 생활하게 해 주는 것입니다. 세 번째 방법을 택할 때는 반드시 그들을 신하로 삼아 조공을 바치게 하고, 동시에 소수의 우호적인 세력으로 구성된 과두寡頭 정부를 세워야 합니다. 정복국이 피정복국과 우호적인 관계를 유지하며 공생하는 데 도움을 주기 때문입니다. 이 정부는 새 군주가 세운 국가이기에 시민은 반드시 전하를 보호하는 데 최선을 다하게 됩니다.

─ 제1부 ─
군주국의 형태와
성립 방법

제1장
군주국의 종류와
획득 방법들

역사가 시작된 이래 인간에 대해 지배권을 가졌거나 가지고 있는 모든 국가, 통치 체제는 공화국 아니면 군주국입니다. 군주국의 군주는 세습이 아니라면 대부분 신생국의 탄생과 함께 즉위한 경우입니다. 세습 군주국은 군주가 항상 같은 가문에서 탄생하지만, 신생 군주국은 프란체스코 스포르차Francesco Sforza(프란체스코 1세 스포르차, 1401-1466)가 통치하는 밀라노처럼 완전히 새로 생겨난 국가이거나 아라곤의 페르난도 2세Fernando II(1452-1516)가 지배하는 나폴리 왕국처럼 기존 세습 군주국의 군주에게 정복당해 그 복속국이 된

〈카를로스 4세의 가족〉. 스페인 화가 프란시스코 고야Francisco Goya가 그렸다. 카를로스 4세Charles IV는 1788-1808년에
스페인을 통치했지만 조국을 프랑스의 위성국으로 만들고 말았다.

프랑스 파리에 있는 루브르 박물관은 원래 궁전이었다. 하지만 베르사유 궁이 완성되자 여러 공관으로 쓰이다 현재는 박물관이 되었다.

루도비코 마리아 스포르차. 밀라노 공작이자 스 포르차 가문의 일원으로, 프란체스코 1세 스포 르차의 아들이다. 레오나르도 다 빈치Leonardo da Vinci 등 뛰어난 예술가를 여럿 후원했다.

국가입니다. 이런 식으로 확보한 영토 중에는 군주의 통치하에서 생활 하는 데 익숙한 국가가 있고, 반대로 공화국처럼 자유롭게 생활하는 데 익숙한 국가도 있습니다. 또한 이렇게 영토를 획득하는 방법에는 타인의 무력을 이용하는 방법과 자신의 군대를 이용하는 방법, 무력 의 도움 없이 군주의 운이나 특수한 역량으로 영토를 획득하는 방법 이 있습니다.

제2장
세습 군주국

 공화국에 대해서는 이미 다른 곳에서 자세히 이야기
한 적이 있어 생략하겠습니다. 이제 저는 앞서 말한 순서에 따라 군주
국에 대해서만 이야기할 것이며, 군주국을 어떻게 통치하고 유지해야
국가의 혼란과 쇠락을 막을 수 있는가를 검토할 것입니다.

전통적인 군주 가문이 통치하는 데 익숙한 세습 군주국은 신생국보
다 통치 체제를 유지하기가 훨씬 수월합니다. 세습 군주국은 어려움이
닥쳤을 때 그때까지 선조가 해 온 범위 안에서 적절히 대응하면 되기
때문입니다. 어떤 강력한 세력이 나타나 군주권을 쟁탈하지 않는 한,

고대 로마 제국의 상징인 거대한 건축물인 콜로세움. 전쟁 포로인 검투사와 맹수의 전투 경기가 벌어졌던 원형 경기장으로 무려 5만 명을 수용했다. 로마 황제의 권력을 가늠하게 해 주는 장소다.

프란체스코 1세 스포르차. 밀라노의 공작이며 이탈리아의 콘도티에로이자, 스포르차 가문의 창시자다.

세습 군주가 어느 정도 근면하기만 하다면 계속해서 이런 방법으로 군주의 지위를 유지할 수 있습니다. 만약 군주권을 빼앗기더라도 군주권을 빼앗은 자가 뜻밖의 어려움을 당했을 때를 이용하면 곧바로 예전의 지위를 회복할 수 있습니다.

이러한 예로 이탈리아의 페라라Ferrara 공작(*에스테Este 가문의 에르콜레 1세와 그의 아들 알폰소 1세를 가리킴)을 들 수 있습니다. 1484년에 베네치아인의 공격을 물리치고 1510년에 교황 율리우스 2세Julius II(1503-1513년에 재위)의 공격을 물리칠 수 있었던 것은 단지 그의 가문이 페라라 지역에서 오랫동안 통치권을 유지하고 있었기 때문입니다. 세습 군주는 신생 군주보다 시민을 괴롭힐 이유나 필요가 적습니다. 따라서 군주가 상식을 벗어난 사악한 행동으로 원망을 사지 않는 한 시민이 그를 사랑하고 따르는 것은 어찌 보면 당연한 일입니다. 또한 군주 가문의 역사가 오래되고 통치 기간이 길수록 변혁에 대한 기억과 원인은 무색해지기 마련입니다. 어떤 변혁의 역사이든 그것은 늘 새로운 변화의 촉매제 역할을 하기 때문입니다.

스페인 그라나다에 있는 알함브라 궁전. 붉은 철이 함유된 흙으로 지어 '붉은 성'을 뜻하는 이름이 붙었다. 이슬람 양식으로 지은 무어인들의 궁전이었지만 1492년에 아라곤의 페르난도 2세 부부에 의해 가톨릭 세력의 손에 들어간다.

제3장

복합 군주국

신생 군주국이 수많은 문제와 맞닥뜨릴 것임은 누구나 예상할 수 있습니다. 그러한 신생 군주국은 대부분 완전히 새로운 국가가 아닌, 기존 군주국의 일부로 병합된 경우입니다. 이를 복합 군주국이라고 칭합니다. 신생 군주국에서 발생하는 예상 밖의 사건들은 대부분 기존 문제에서 발생하며, 이러한 문제들은 매우 명확합니다. 즉, 자신이 처한 환경을 변화시키고자 하는 자들이 무기를 들고 통치자에 대항하고, 결국에는 통치자를 갈아 치움으로써 자신의 꿈을 실현하고자 하는 것이지요. 그러나 그들은 뒤늦게 자신들의 상황이 더 악

교황 레오 10세와 두 명의 추기경. 이탈리아 르네상스를 대표하는 화가 라파엘로Raffaello Sanzio가 세상을 떠나기 3년 전에 완성한 걸작이다. 그림 속의 세 인물은 교황 레오 10세와 그의 조카이자 추기경인 루이지 데 로시Luigi de' Rossi, 줄리오 데 메디치Giulio de' Medici다.

화되었다는 사실을 깨닫게 됩니다. 이러한 상황은 내부적으로 또 다른 필연적인 상황에서 비롯됩니다. 새 군주는 다른 국가를 정복해야 하는 상황에서 자신의 군대를 이용해 정복할 국가의 시민을 억압하게 되고, 그 과정에서 자신의 새로운 시민이 될 이들에게 원망을 살 수밖에 없습니다.

그래서 군주는 군주국을 세운 후 그 과정 중에 억압당한 시민에게 적이 되기 마련이며, 동시에 자신이 군주가 되도록 지지한 자들의 기대마저 충족시키지 못해 그들과 계속 우호적인 관계를 유지하기도 어려워집니다. 그렇다고 해서 자신을 지지한 자들을 억압하기도 어려운 상황이기 때문에 신생 군주는 강력한 군대를 동원하는 것보다 피정복지 시민의 마음을 사로잡는 것이 우선입니다.

프랑스의 루이 12세Louis XII(1462-1515)가 밀라노를 단번에 병합하고도 곧바로 놓쳐 버린 것은 바로 민심을 얻는 데 실패했기 때문입니

많은 사람이 이 그림의 주인공을 루이 16세Louis XVI(1754-1793)의 부인 마리 앙투아네트Marie Antoinette로 잘못
알고 있다. 사실 이 그림의 주인공은 메디치 가문에서 태어나 1600년에 프랑스 왕실로 시집간 마리 데 메디치
Marie de Medici다. 그녀의 남편은 그녀보다 스무 살 많은 앙리 4세Henri IV(1553-1610)였다. 마리는 앙리 4세의 첫
아내의 어머니인 카트린Catherine 왕후와는 먼 친척 사이다.

피렌체 시뇨리아 광장에 있는 메디치 가문의 조각상.

다. 루이 12세의 군대를 물리치는 데는 그 전까지 밀라노를 통치하던 루도비코 마리아 스포르차Ludovico Maria Sforza(1452-1508)의 군대만으로도 충분했습니다. 루이 12세에게 문을 열어 주었던 시민이 그의 만행을 참기 어렵고 또 그가 자신들의 기대를 충족시키지 못할 것이라고 판단했기 때문입니다.

　새로운 군주에게 반란은 좋은 기회입니다. 반란이 일어난 지역을 다시금 정복한 군주는 이제 그 지역을 또다시 쉽게 잃는 일은 없을 것입니다. 새 군주는 정복 과정에서 이전의 반란을 거울삼아 군대를 강화하고, 반역자를 처벌하며, 혐의자를 찾아내는 등 자신의 약점을 더욱 강화할 것이기 때문입니다. 루도비코 공작은 처음에 단순히 국경 근처에서 교란 작전을 펼친 것만으로 프랑스 왕을 물리치고 밀라노를 되찾았지만, 또다시 프랑스에 밀라노를 빼앗겼을 때에는 세계 여러 국가를 동원해서 프랑스 왕에 대항해 마침내 이탈리아에서 프랑스 군대를 몰아냈습니다. 이러한 결과의 원인에 대해서는 앞에서도 설명했습니다. 결론적으로 프랑스는 두 번 모두 밀라노 정복에 실패했습니다.

프랑스가 처음에 밀라노 정복에 실패한 원인은 앞서 논의했으니 이제 두 번째 정복에서 실패한 원인을 논의하겠습니다. 프랑스 왕은 과연 어떤 해결책을 쥐고 있었는지 살펴보고, 비슷한 처지의 다른 통치자들이 어떻게 하면 정복 지역을 잘 유지할 수 있을지 알아볼 것입니다. 정복자에 의해 병합된 국가는 동일한 언어를 사용하는 지역에 속하느냐 그렇지 않느냐로 구분할 수 있습니다. 동일한 언어를 사용하는 피정복지는 영토를 유지하는 일이 전혀 어렵지 않으며, 해당 지역이 자치 개념에 무지하다면 더더욱 유리합니다. 정복자는 기존의 군주 가문을 깨끗이 없애는 것만으로 정권을 공고히 할 수 있습니다. 그밖의 문제는 주민들이 기존의 생활 관습을 유지하는 것을 인정하고 그들의 전통을 존중해 주기만 하면 대체로 안정적인 생활을 이어 나갈 수 있기 때문입니다.

그 예로 오랫동안 프랑스에 복속되었던 부르고뉴, 브르타뉴, 가스코뉴Gascogne 및 노르망디를 들 수 있습니다. 비록 약간의 언어 장벽이 있긴 하나 각 지역이 비슷한 관습을 유지하고 있어 지금껏 큰 문제가 발생하지 않았습니다. 따라서 정복한 영토를 평화롭게 유지하려면 다음의 두 가지 정책을 따라야 합니다. 첫째는 기존에 해당 지역을 지배한 군주 가문을 철저히 제거하는 것이고, 둘째는 그들의 법을 계속 유지하면서 추가로 새로운 조세 제도를 시행하지 않는 것입니다. 그러면 정복국과 피정복국은 최대한 빨리 하나로 통일될 수 있습니다.

마리 데 메디치가 앙리 4세와 결혼하기 위해 프랑스 마르세유에 도착한 모습. 바로크 미술을 대표하는 화가 페테르 파울 루벤스Peter Paul Rubens가 그렸다. 파리 루브르 박물관에 소장되어 있다. 메디치 가문은 명망 높은 귀족이었으며, 마리 데 메디치는 나중에 프랑스의 섭정 왕후가 된다.

독일 쾰른 대성당 외부(왼쪽)와 내부(오른쪽). 유럽에서 가장 유명한 3대 고딕 양식 건축물의 하나다.

문제는 정복국과 피정복국의 언어와 관습, 제도가 다를 경우입니다. 이때는 국가를 유지하기 위해 엄청난 노력과 행운이 따라야 하는데, 최선의 해결책은 정복자가 해당 지역으로 이동해 머무르는 것입니다. 이러한 조치는 정복한 지역을 안정적으로 지배하는 데 가장 효과적입니다.

투르크의 그리스 통치 정책을 대표적인 예로 들 수 있습니다. 투르크가 그리스에 들어가지 않았더라면 제아무리 좋은 방법을 사용했어도 결코 그리스를 안정적으로 다스리지 못했을 것입니다. 현지에서는 어떤 일이 발생했을 때 즉시 확인하여 곧바로 효과적인 조치를 취할 수 있지만 그렇지 않은 경우에는 사고가 발생한 후 이미 손을 쓸 수 없는 지경에 이르러서야 비로소 사태의 심각성을 감지할 수 있습니다. 또한 통치자가 정복지로 이동하면 그 아래 관리들이 시민을 함부로 약탈하지 못할 것이며, 시민은 자신이 당한 수모를 통치자에게 호소할 수 있어 좋을 것입니다. 그리하여 통치자에게 순순히 복종하는 신하들

레오나르도 다 빈치가 그린 〈담비를 안고 있는 여인〉. 그림 속 인물은 밀라노 루도비코 스포르차 공작의 연인인 체칠리아 갈레라니Cecilia Gallerani로 알려져 있다. 그녀의 비범한 미모와 희고 보드라운 살결을 잘 드러낸 작품이다.

은 헌신하는 모습을 보일 것이고, 반란의 뜻을 품었던 신하들은 군주를 두려워하게 됩니다. 아울러 침략을 노리던 외부 세력도 주저하는 계기가 될 것입니다. 이 모두를 고려할 때, 군주가 피정복지로 이동하여 정착하면 그 영토는 쉽게 잃지 않을 것입니다.

또 다른 해결책은 식민지 건설입니다. 다시 말하면 피정복지의 중심 지점 몇 곳을 식민지로 정해 다스리는 것인데, 이 방법이 여의치 않으면 대규모 무장 군대를 주둔시킬 수도 있습니다. 식민지를 건설하는 데는 비용이 전혀 들지 않거나 아주 적은 비용만이 들어갑니다. 피해를 보는 이들도 이주해 온 사람들에게 집과 토지를 빼앗긴 사람들로 한정됩니다. 그러나 이들은 소수 주민에 불과하며, 피해를 보더라도 가진 것을 잃고 뿔뿔이 흩어져 감히 군주에게 보복할 엄두조차 내지 못합니다. 그 밖의 시민은 상대적으로 피해를 보지 않는 측에 속해 안심하거나, 한편으로는 자신도 마찬가지로 재산을 몰수당할까 봐 두려워 꼼짝하지 못할 것입니다. 따라서 식민지 건설은 비용도 적게 들고, 군대를 파견하는 것보다 불상사가 일어날 소지가 훨씬 적으며, 정복 지역의 시민이 정복자에게 더욱 충성을 맹세하게 될 뿐만이 아니라이미 언급한 대로 피해를 보는 자들은 소수에 불과합니다. 그리고 그들 역시 재산을 잃고 뿔뿔이 흩어져 군주를 위협하지 못한다는 장점이 있습니다.

이때 반드시 기억해야 할 점은, 인간은 잘 대해 줄 것이 아니라면 확실히 짓밟아야 한다는 것입니다. 인간은 본래 작은 손실에는 보복할 마음을 먹고, 엄청난 피해에는 감히 보복할 엄두도 내지 못합니다. 어차피 피해를 입힐 상황이라면, 그들이 나중에 보복할 엄두조차 내지

신성로마 제국의 황제 카를 5세Karl V(1500-1558).
그에게는 많은 별칭이 있었다. 스페인에서는 카
를로스 1세, 신성로마 제국 황제의 칭호로는 카
를 5세, 즉위 전에는 통상적으로 오스트리아의
카를이라고 불렸다. 그는 시칠리아의 국왕(카를 1
세, 1516-1556년에 재위)이자, 나폴리의 국왕(카를
4세, 1516-1556년에 재위)이기도 했다. 유럽인의
마음속에서는 여전히 합스부르크 왕조가 맹위를
떨치던 시대의 주역으로 자리하고 있다.

못할 정도로 크게 위협을 가해야 합니다.

식민지 건설과 달리 군대 파견에는 많은 비용이 들어갑니다. 군대
주둔지에서의 모든 수입이 해당 지역의 안보에 투입되기 때문입니다.
결국, 정복한 영토 때문에 군주가 피해를 보게 되지요. 더욱이 군대가
해당 영토에 주둔하면 그 피해가 전체 지역으로 확대되어 더욱 큰 피
해가 예상됩니다. 민심이 흉흉해지면서 해당 지역 주민들이 모두 군주
의 적이 될 수도 있습니다. 피정복국 시민으로서 여전히 자신들의 터
전에 거주하는 그들이 위험한 적이 되는 겁니다. 이런 점으로 미루어
효율성 면에서 식민지 건설이 군사 파견보다 훨씬 유리하다고 하겠습
니다.

레오나르도 다 빈치 초상화. 만년의 예술가를 담았다.

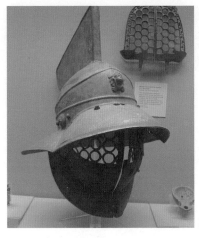
고대 로마 병사들이 사용한 투구.

　게다가 앞서 말씀드렸듯이 본국과 다른 지역의 국가를 정복한 군주
는 인접 약소국들을 이끄는 리더로서 그들을 보호하고, 강력한 국가를
굴복시키기 위해 노력하는 동시에 또 다른 강력한 국가의 개입을 막기
위해 전혀 예상 밖의 돌발 상황에도 대처할 수 있는 완벽한 태세를 갖
추어야 합니다. 과도한 야심이나 두려움 때문에 군주에 맞서려는 자들
은 그리스 아이톨리아인Aetolian들이 로마인의 침입을 유인한 경우처럼
또 다른 강력한 세력을 끌어들이기도 합니다. 로마가 일으킨 정복 전
쟁에서는 늘 피정복국의 원주민들이 로마의 지원군이 되었습니다. 일
반적으로 강력한 세력이 어느 국가를 공격할 때는 주변의 모든 약소국
이 강력한 세력의 지원군으로 나서는데, 지금껏 자신들을 통치하던 국
가에 대한 불만에서 비롯된 일임은 너무나 당연한 이치입니다. 이렇게
정복자는 큰 힘을 들이지 않고도 많은 약소국을 자신의 편으로 끌어들
일 수 있으며, 이는 약소국들이 이미 새로운 정복자의 편에 서서 권력
을 확보하고자 함을 뜻합니다. 따라서 새 군주는 이들에게 지나치게

그리스에 있는 파르테논 신전. 그리스가 신의 시대였다면 로마는 인간의 시대라고 할 수 있다. 이때부터 신의
권력은 인간에게로 이양되었다.

많은 군사력이나 그 밖의 권력을 주지만 않으면 됩니다. 또한 이들의 군사적 지원을 바탕으로 강력한 세력을 가볍게 진압하고 그 국가를 확실하게 확보할 수 있습니다. 이렇게 하지 못하는 군주는 결국 정복한 것을 쉽게 잃을 뿐만이 아니라 다스리는 과정에서도 적지 않은 환란과 분쟁을 겪게 될 것입니다.

로마인은 자신들이 확보한 지역에서 위의 정책들을 착실히 시행했습니다. 식민지를 설립하고, 약소 세력들과 우호 관계를 맺되 많은 권력을 주지 않았으며, 강력한 세력을 굴복시키고 피정복지에서 그들이 권력을 확보하지 못하도록 했습니다. 그리스의 사례만으로도 충분히 설명됩니다. 로마인은 약소 세력인 아카이아인Achaeans 및 아이톨리아인과 우호 관계를 유지하여 마케도니아 왕국을 굴복시키고 마침내 시리아 왕 안티오코스 3세Antiochos III(기원전 242-기원전 187)를 격파했습니다. 그러나 로마인은 아카이아인과 아이톨리아인의 도움은 인정하되, 결코 그들의 세력이 확대되는 것은 허락하지 않았습니다.

여기서도 알 수 있듯이 로마 군주는 제대로 된 군주라면 반드시 해야 할 일을 행했습니다. 즉 당장의 분란뿐만 아니라 미래에 발생할 수 있는 사태에 대해서도 고려하고 그 상황을 방지하기 위해 최선을 다해야 하는 것입니다. 분란은 그 시작을 감지하면 대처는 그리 어렵지 않기 때문입니다. 분란을 방치하고 대처가 늦어져 영원히 해결할 수 없게 되는 것이 정말 문제입니다.

의사들이 만성 소모성 질병을 치료하는 일과 같습니다. 소모성 질병은 초기 치료는 간단하나 진단이 어렵습니다. 반대로 조기에 발견해 치료하지 않으면 갈수록 진단은 쉬워지나 치료하기가 어려워집니다.

로마 카피톨리니 박물관은 로마의 정상급 박물관으로, 로마를 상징하는 늑대상이 보관되어 있다. 로마를 세운 로물루스와 로무스 형제는 어려서 늑대에게 키워져 늑대의 젖을 먹는 쌍둥이 형제의 모습이 로마의 상징이 되었다.

정치 문제도 마찬가지입니다. 선견지명이 있는 현명한 자가 있어 조기에 문제를 발견한다면 해결하기는 절대 어렵지 않으나, 그러지 못해서 결국 사태가 악화되어 누구나 인식할 수 있는 지경에 이르면 어떤 처방전도 무용지물에 불과합니다.

로마인은 환란에 대한 선견지명이 뛰어나 항상 대처가 가능했고, 전쟁을 피하고자 미리 화근을 찾아내 잘라 버렸습니다. 그들은 전쟁이 피할 수 있는 것이기보다는 시간이 갈수록 불리한 결과를 가져온다는 사실을 알고 있었습니다. 그래서 자신들의 본거지인 이탈리아에서 필리포스 5세Philippos V, 안티오코스 3세의 연합군과 맞붙는 것을 피하기 위해 그리스에서 전쟁을 일으켰습니다. 로마는 이들과의 전쟁을 피할 수 있었으나 그렇게 하지 않았습니다. 그들은 "시간을 끌며 이익을 취하라"라는 선조의 말씀을 뒤로한 채 자신들의 역량과 지혜를 이용하여 이익을 얻고자 했습니다. 시간을 끌수록 얻는 것만이 아니라 잃는 것도 생긴다는 사실을 알았기 때문입니다.

다시 프랑스 왕의 사례를 살펴보겠습니다. 제가 지금까지 논한 것 가운데 그들이 과연 무엇을 시행했을지 궁금하실 겁니다. 이제 샤를 8세Charles VIII(1470-1498, 이하 샤를 왕) 대신 루이 12세(이하 루이 왕)의 경우를 분석해 보겠습니다. 루이 왕이 이탈리아에서 집권한 기간이 훨씬 길어 보다 세세한 부분까지 검토가 가능하기 때문입니다. 우리는 루이 왕이 정복지에서 지배권을 유지하기 위해 시행해야 할 정책과 정반대되는 정책을 시행했음을 알 수 있습니다. 루이 왕의 이탈리아 침입은 베네치아인들의 영토적 야심, 즉 롬바르디아의 몇몇 도시를 차지하고자 하는 야망에서 비롯되었으며, 그 틈에 롬바르디아 영토의 절반 이상을 확보할 계획이었습니다. 저는 루이 왕을 비난할 마음은 없습니다. 루이 왕은 이탈리아에서 기반을 마련하고자 했기에 그 상황에서 맺을 수 있는 동맹이라면 무엇이든 맺을 수밖에 없었습니다. 루이 왕의 결정은 그가 다른 곳에서 실수하지 않았다면 필시 좋은 성과로 이어졌을 겁니다. 루이 왕이 롬바르디아 정복에 성공하면서 샤를 왕에 의해 실추되었던 프랑스의 명성은 곧바로 회복되었습니다. 제노바를 굴복시키고 피렌체와 동맹을 맺은 것이지요. 그 결과 만토바 후작, 페라라 공작, 벤티볼리오 공작, 포를리 백작 부인, 파엔차, 페사로, 리미니, 카메리노, 피옴비노의 영주들, 그리고 루카, 피사 및 시에나의 시민이 그와 동맹을 맺고자 했고, 베네치아인은 그제야 자신들의 정책적

스페인 바르셀로나에 있는 카탈루냐 국립미술관. 전 세계와 주교구에서 가장 중요한 로마 예술품과 고딕 양식 예술품을 소장한 박물관 중 하나다.

허점을 깨달았습니다. 그들은 롬바르디아의 몇몇 영지를 탐내다가 결국 프랑스 왕에게 이탈리아 반도 대부분을 빼앗기는 결과를 초래하고 말았습니다.

만약 루이 왕이 동맹국 유지를 위해서 앞서 논의한 '정복지 유지를 위한 정책'을 이용했더라면 이탈리아 내에서 더욱 높은 명성을 떨쳤을 겁니다. 당시 루이 왕은 많은 동맹국을 확보하고 있었고, 동맹국들 역시 세력이 약한 데다 교회 세력이나 베네치아인을 경계하기 위해 루이 왕과 동맹 관계를 유지할 수밖에 없었기 때문입니다. 이러한 조건만으로도 루이 왕은 동맹국들의 지원에 힘입어 다른 강대국의 침입으로부터 충분히 안전할 수 있었습니다.

그러나 루이 왕은 밀라노에 입성함과 동시에 알렉산데르 교황(알렉산데르 6세Alexander VI, 1431-1503)의 로마냐 지방 정복을 지원하며 제가 논의했던 정책과 정반대되는 정책을 시행하기 시작했습니다. 그는 이러한 결정이 자신의 권력을 약화시키고 교회의 영적 권력에 힘을 실어 주어 결국 교회의 실질적 권력이 강화될 것이란 점을 간과했습니다. 루이 왕은 이 실수를 만회하려다 또 다른 실수를 범하게 되었습니다. 결국 알렉산데르가 토스카나 지방을 손에 넣는 것을 막기 위해 직접 이탈리아로 쳐들어가야 하는 상황에 이르렀습니다. 루이 왕은 교회 세력을 강화시키고 동맹국을 잃는 것으로도 모자랐습니다. 나폴리 왕국을 탐내던 그는 스페인의 페르난도 2세와 나폴리를 분할하는 데 합의해 줄곧 혼자 지배해 온 이탈리아에 또 다른 지배자를 끌어들임으로써 이탈리아 내의 야심가들과 자신의 정책에 불만을 품은 세력들에게 힘을 실어 주는 결과를 초래하고 말았습니다. 나폴리 왕국을 유지하는 데 나폴리 왕의 오랜 충성이 뒷받침되었다는 사실을 간과한 루이 왕은 스스로 자신의 권력에 대적할 세력을 끌어들인 셈입니다.

영토를 확장하고자 하는 욕심은 매우 자연스럽고 정상적인 것입니다. 특히 유능한 자가 영토 확장에 나선다면 오히려 칭송을 받고, 최소한 비난은 면하지요. 그러나 무능한 자가 무모하게 영토 확장을 감행할 경우 결코 비난을 면치 못하게 됩니다. 그렇기에 루이 왕은 자신의 군사력만으로 나폴리 왕국을 공격할 수 있었다면 그렇게 해야 했으며, 그렇지 못할 것이었으면 적어도 나폴리를 분할하지 말았어야 합니다. 비록 베네치아인과 롬바르디아를 분할해서 이탈리아 내에 거점을 확보하는 것으로 그 잘못이 무마되었다 하더라도, 나폴리의 분할은 피할 수 있는 일이었기에 충분히 비난받을 만하다고 할 수 있습니다.

 이렇게 루이 왕은 모두 다섯 가지 실수를 저질렀습니다. 첫째는 약소국을 공격해 멸망시킨 것, 둘째는 이탈리아에서 이미 강력한 권력을 쥐고 있던 교황 알렉산데르 6세에 더욱 힘을 실어 준 것, 셋째는 이탈리아에 또 다른 강력한 세력인 스페인의 페르난도 2세를 끌어들인 것, 넷째는 스스로 이탈리아에 거주하며 통치하지 않은 것, 다섯째는 식민지를 건설하지 않은 것입니다. 그렇다 하더라도 그가 베네치아인을 격파한 또 한 가지 실수가 없었다면, 앞의 모든 실수로 말미암아 최악의 상황을 맞이하는 일은 없었을 것입니다. 물론 루이 왕이 교회 세력을 강화시키지 않았거나 스페인 왕에게 나폴리 일부를 내어 주지 않았다면, 베네치아인을 제압한 정책은 합리적이고 필수적인 과정이었을 겁니다.

 그러나 일이 이렇게 된 이상 루이 왕은 베네치아의 몰락을 그냥 지켜만 봐서는 안 되었고, 오히려 베네치아인의 강대한 세력을 이용해 다른 세력이 롬바르디아에 개입하는 것을 방지해야 했습니다. 베네치아인은 자신들이 롬바르디아에서 절대적 권력을 확보하는 일을 위해서가 아니라면 다른 세력이 개입하는 일을 절대 용납하지 않았을 것입니다. 마찬가지로 다른 세력들 역시 단순히 베네치아가 롬바르디아를 장악하는 것을 돕기 위해 프랑스 왕과 맞섰을 리 없으며, 프랑스와 베네치아 모두를 상대로 싸울 용기가 있었던 것도 아니었습니다. 만약 루이 왕이 전쟁을 피하기 위해 알렉산데르가 로마냐 지방을 정복하도록 내버려 두고 나폴리 일부를 스페인 왕에게 내어 준 거라고 주장하는 자가 있다면, 저는 앞서 논의한 내용들을 내세워 반박할 것입니다.

현존하는 세계 최대의 고대 로마 유적지. 일설에 의하면 율리우스 카이사르가 이곳에서 암살되었다고 한다.

다시 말해 전쟁은 피할 수 있는 대상이 아니고 단지 상황을 자신에게 불리하게 몰아갈 뿐이므로 전쟁을 피하기 위해 그 화근을 뿌리 뽑는 것이 필수입니다. 또한 루이 왕이 교황과 한 약속, 즉 자신의 결혼 취소를 허용하고 루앙의 대주교 조르주 당부아즈George d'Amboise를 추기

고대 그리스의 보병을 조각한 대리석 조각상. 스파르타 국왕 레오니다스 1세Leonidas Ⅰ 시기의 작품으로 추정된다.

경으로 임명하는 대신 로마냐 전쟁에서 교황의 편에 서기로 한 약속을 지키느라 어쩔 수 없이 한 일이라고 주장하는 자가 있다면, 이 역시 추후에 '군주는 어떻게 약속을 지켜야 하는가'에 관해 논의할 때 말씀드리겠습니다.

루이 왕은 정복지 유지를 위한 원칙을 따르지 않아서 롬바르디아를 잃었으며, 그로 말미암아 발생한 결과들은 충분히 예상되었던 것들입니다.

교황 알렉산데르의 아들 체사레 보르자Cesare Borgia(1475년경-1507)가 발렌티노 공작이 된 이후 로마냐 지방 전쟁에 참가했을 때, 저는 낭트에서 루앙의 추기경(*조르주 당부아즈를 가리킴)과 이 문제를 상의한 바 있습니다. 추기경이 이탈리아인은 전쟁을 모른다고 말하기에 저는 프랑스인은 정치를 모른다고 대답했습니다. 그들이 국가의 정

마키아벨리가 이상적인 모델로 제시했던 이탈리아의 전제군주이자 교황군 총사령관 체사레 보르자.

마리아 테레지아Maria Theresia(1717-1780). 마리 앙투아네트 왕비의 어머니로도 유명하지만 독일의 여성 황제로 막강한 힘을 발휘한 인물이다.

치를 이해했다면 교황의 권력이 그렇게 강대해지도록 돕지 않았을 것이기 때문입니다. 실제로 이탈리아 내 교회 권력과 스페인 왕의 권력은 프랑스 왕에 의해 강대해졌으나 결국에는 그들이 프랑스 왕을 몰락시켰음은 명백한 사실입니다.

다시 말해, 누군가가 세력을 키울 수 있게 도움을 주는 행위 자체가 자멸을 초래한다는 일반 원칙이 여기에도 성립됩니다. 그 누군가의 세력은 힘을 실어 주는 자의 술책이나 권력을 통해 강화되는데, 그 술책과 권력이야말로 도움을 받는 그 누군가가 항상 경계하는 두 가지이기 때문입니다.

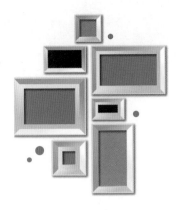

제4장
알렉산드로스의 후계자들이
지배력을 유지할 수 있었던 이유

정복지를 유지하는 어려움을 생각할 때, 다음과 같은 의아함을 느끼지 않을 수 없는 사실들이 있습니다. 마케도니아의 알렉산드로스 대왕Alexandros the Great(기원전 356-기원전 323)은 짧은 시간에 아시아의 패자로 올라섰지만 곧 세상을 떠났습니다. 그러면 누구나 그가 죽은 후 아시아 전체에 반란이 일어났을 거라고 예상할 테지만 알렉산드로스의 후계자들은 내부적인 권력 다툼 외에는, 정복지 유지에 대한 외부적인 어려움은 크게 겪지 않았습니다.

이는 역사상 모든 군주국의 통치 방법은 단 두 가지였다는 사실을

폼페이 파우누스 저택에서 발견된 알렉산드로스 대왕의 모습이 그려진 모자이크 바닥.

알렉산드로스 대왕 조각상.

알면 더 쉽게 설명이 가능합니다. 하나는 군주 한 명이 통치하고 그 밖의 세력이 그를 보좌하는 것이고, 또 하나는 군주가 제후들과 함께 통치하는 것입니다. 이때 제후는 군주의 선택이 아닌 귀족 가문의 세습을 통해 정해지며 그 지역 영토와 시민을 보유합니다. 따라서 그 지역 시민은 자연히 제후를 주인으로 모시고 충성을 다합니다. 군주와 그를 보좌하는 세력이 통치하는 국가에서는 군주의 세력이 매우 강대합니다. 국가에 충성을 맹세할 대상이 군주 외에는 없기 때문입니다. 혹여 시민이 군주 말고 복종하는 대상이 있다면, 그는 분명히 군주의 신하이거나 관리일 것입니다. 즉, 시민이 충성을 맹세하는 대상은 군주 하나입니다.

현재 이 두 가지 통치 방법의 대표 사례로는 투르크의 술탄과 프랑스의 왕을 들 수 있습니다. 투르크 왕국은 군주가 통치권을 장악하고,

옥타비아누스Gaius Octavianus. 카이사르의 양아들로 로마 제국의 계승자였다.

그 외에는 모두 군주의 충신에 불과합니다. 투르크 왕은 국가를 산자크sanjak라는 행정 지역으로 나누어 각 지역에 행정관을 파견해 다스리고, 군주 마음대로 행정관을 이동시키거나 교체합니다. 반면에 프랑스 왕은 세습 제후들과 더불어 존재하며, 각 제후는 자신의 지역에서 충성을 맹세한 시민을 거느립니다. 이러한 제후들은 대대로 물려받은 고유의 특권이 있는데, 군주라 할지라도 이를 함부로 침범할 수 없습니다. 이렇게 보면 투르크 같은 국가는 정복하기는 어려우나 일단 정복하면 유지하기가 쉽고, 반면에 프랑스 같은 국가는 몇 가지 면에서 정복하기는 더 쉬우나 그 유지가 어렵다고 볼 수 있습니다.

투르크 왕국을 정복하는 것이 어려운 이유는 두 가지가 있습니다. 투르크 왕국의 신하들이 외세에 도움을 청할 가능성이 없다는 것과 군주 주변의 신하들이 반란을 일으켜 외세가 침입할 틈을 줄 가능성이

1956년에 제작된 알렉산드로스 대왕의 일대기를 그린 영화 《알렉산드로스 대왕》. 리차드 버튼이 주인공을 맡았다.

다리우스 1세Darius I(기원전 558-기원전 486). 페르시아 제국의 황제(기원전 522-기원전 486년에 재위)로, 왕위에 오른 지 1년이 채 안 되어 다양한 책략을 앞세워 대규모 전쟁을 열여덟 차례나 일으켰다. 또 8대 세력권의 수장을 제거하고 페르시아 제국을 다시금 통일했다. 스스로를 '왕 중의 왕, 제국의 왕'이라고 불렀으며 후대 사람들은 '철혈대제鐵血大帝'라고 불렀다.

없다는 것입니다. 투르크의 귀족은 모두 군주의 충복으로, 군주에 의해 권위를 유지하고 있으므로 파멸시키기 어려울 것이며, 설사 가능할지라도 시민이 이미 언급한 이유들로 귀족을 추종하지 않기에 이후 크게 기대하기 어렵습니다.

그러므로 투르크 왕을 공격하려는 자는 그들이 하나가 되어 대항할 거라는 전제를 갖고 오직 자국 군대의 실력으로 맞서되 상대가 분열하기를 기대해서는 안 됩니다. 그러나 전투에서 압승을 거두어 상대에게 회복할 수 없는 치명적인 패배를 안겨 주었다면, 군주 가문 외에는 더 이상 두려워할 세력이 없습니다. 여기에 군주 가문마저 타파하면 두려워할 상대가 전혀 남아 있지 않다고 볼 수 있습니다. 시민의 신망을 얻을 수 있는 대상은 오직 군주뿐이기 때문입니다. 한 지역을 정복한 군주는 자신이 정복 전쟁에서 승리하기 전까지는 정복지의 시민으로부

중세 유럽풍 의상을 입은 알렉산드로스 대왕. 중세 시대 때 제작되었다.

터 어떠한 도움도 받을 수 없었던 만큼 승리한 후에는 그들이 오직 자신에게 충성을 다할 것이므로 그들을 더 이상 두려워할 필요가 없습니다.

그러나 프랑스의 경우에는 정반대 현상을 볼 수 있습니다. 그곳에는 늘 불만 세력과 정권을 노리는 자들이 도사리고 있기에 왕국의 일부 제후와 결탁하면 그리 어렵지 않게 공격할 수 있습니다. 앞서 논의한 이유들로, 결탁에 나선 제후들은 전하께 정복의 길을 터 주어 승리로 이끌어 줄 것입니다. 그러나 이후 확보한 영토를 유지할 때에는 정복 과정에서 피해를 본 무리만이 아니라 도움을 준 무리에게도 엄청난 시련을 맛보게 될 것입니다. 언제나 새로운 반란을 꿈꾸는 귀족이 생겨나기 때문에 군주 가문 하나를 섬멸하는 것으로는 부족하지요. 정복자는 이러한 세력을 포용하거나 함부로 파멸시킬 수도 없어 상황이 좋지 않으면 다시 국가를 빼앗길 수 있습니다.

다리우스 왕(*다리우스 3세를 가리킴)이 다스린 나라의 정부 형태를 살펴보면 투르크 왕국과 유사한 점이 많음을 알 수 있습니다. 그 때문에 알렉산드로스 대왕은 정면 돌파로 압승을 거둘 수밖에 없었고, 전쟁에서 승리한 후 다리우스가 죽음으로써 앞서 논의한 이유에 따라 권력을 공고히 할 수 있었던 것입니다. 그러한 이유로, 알렉산드로스의 후계자들이 분열 없이 하나로 뭉쳤더라면 그에게서 계승한 권력은 절대적으로 유지되었을 것입니다. 그 분열이 단순히 장군들 사이에서 벌어진 내부의 다툼으로부터 시작되었기 때문입니다. 그러나 프랑스처럼 조직된 국가를 이처럼 순조롭게 다스리기란 절대 쉽지 않습니다.

이것이 바로 스페인과 프랑스, 그리스 등지에서 로마에 대한 반란

《나폴레옹 1세의 대관식》. 나폴레옹 1세Napoléon I(1769-1821)와 황후의 대관식 모습을 충실하게 기록한 작품이다. 신고전주의의 대가 자크 루이 다비드Jacques Louis David가 그린 1807년 작품이다. 나폴레옹이 직접 황후의 관을 씌워 주고 있다.

자살하는 갈리아인.

이 잦았던 이유이기도 합니다. 이 국가들에는 수많은 군주국이 존재했기에 로마인들은 그 영토들을 확보했다는 사실을 확신할 수 없었습니다. 그러나 차차 정복 기간이 길어지면서 여타 군주국에 대한 경계가 사그라졌을 때쯤 해당 지역에 대한 로마인의 지배력은 확고해졌습니다. 그러나 후에 로마에 내부 분란이 발생하자 각 파벌의 지도자들은 자신들이 확보한 지역에서 얻은 권력을 발판으로 해당 지역을 다스릴 수 있었습니다. 이때는 이미 과거 지배자들의 혈통이 단절된 상태여서 지역 시민들이 로마인의 권위만을 수용했기 때문입니다.

이 모든 사실을 고려하면, 알렉산드로스 대왕이 아시아 정복 국가들을 순조롭게 다스린 반면에 피로스Pyrrhos(*그리스 북서부 에페이로스의 왕) 등 다른 여러 통치자가 정복지를 유지하는 데 곤란을 겪은 사실에 의문을 품을 이유가 없습니다. 이와 같은 상반된 결과는 정복자의 역량 차이라기보다는 정복지의 특성에 따른 것임을 알아야 합니다.

이집트 가자 지구에 있는 피라미드. 파라오의 무덤으로 수십 년에 걸쳐 건축되었다고 한다. 고대 문명의 뛰어난 건축 기술과 강력했던 파라오의 힘을 상징한다.

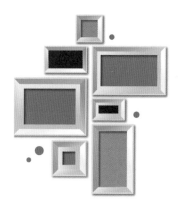

제5장
자신들의 법에 따라
생활해 온 국가를 다스리는 방법

앞 장에서 언급했듯, 정복되기 전까지는 자신들의 법에 따라 자유롭게 살아온 국가를 다스리는 방법에는 세 가지가 있습니다. 첫째는 그들을 멸망시키는 것이고, 둘째는 정복자가 직접 그곳에 정착하는 것이고, 셋째는 그들이 계속해서 자신들의 법률에 따라 생활하게 해 주는 것입니다. 세 번째 방법을 택할 때는 반드시 그들을 신하로 삼아 조공을 바치게 하고, 동시에 소수의 우호적인 세력으로 구성된 과두寡頭 정부를 세워야 합니다. 정복국이 피정복국과 우호적인 관계를 유지하며 공생하는 데 도움을 주기 때문입니다. 이 정부는 새 군

신성로마 제국의 황제 페르디난트 1세Ferdinand I. 1526년부터 헝가리와 보헤미아의 국왕이기도 했다.

주가 세운 국가이기에 시민은 반드시 전하를 보호하는 데 최선을 다하게 됩니다. 만약 정복자가 독립된 상태로 자치하는 데 익숙한 도시를 파괴하지 않고 다스리려 한다면, 그 시민들을 이용해 다스리는 것보다 쉽게 국가를 유지할 방법은 없습니다.

스파르타인과 로마인을 예로 들 수 있습니다. 스파르타인은 아테네와 테베에 과두 정부를 세웠지만 결국 지배권을 상실했습니다. 그러나 로마인은 카푸아, 카르타고, 누만티아Numantia 지역을 확보하기 위해 그 국가들을 섬멸했고, 결과적으로 해당 국가의 지배권을 유지했습니다. 사실 로마인 역시 처음에는 스파르타와 마찬가지로 그리스 지역의 자치를 허용했으나 성공을 거두지 못했습니다. 그래서 결국 자신들의 지배권을 공고히 하기 위해 그리스의 많은 도시를 섬멸했습니다. 실질적으로 지배권을 확보하는 유일한 방법은 도시를 섬멸하는 것뿐이었기 때문입니다.

자치에 익숙한 도시 국가를 지배하려면 그 도시를 멸망시킬 수밖에 없습니다. 그러지 못하면 도리어 자신이 멸망할 수 있습니다. 이 도시들은 많은 시간이 흐르고 새로운 군주의 수혜를 누렸다 하더라도 그 모든 것을 무시한 채 전통적인 제도와 자유라는 명분을 내세우며 반란을 일으킬 수 있기 때문입니다. 새로운 통치자는 어떠한 행동이나 조치를 동원해서라도 그 도시의 내분을 조장하거나 시민을 분산시켜야 합니다. 그렇지 않으면 그들은 영원히 자유에 대한 갈망을 버리지 않을 것이며, 기회만 있으면 즉시 반란을 일으켜 예전의 상태를 회복하려고 할 것입니다. 마치 피사가 피렌체의 지배를 받은 지 100년 만에 반란을 일으켰던 것처럼 말입니다.

베아트리체 데스테Beatrice d'Este. 밀라노 공작 부인으로 페라라 공작 에르콜레 데스테Ercole d'Este의 딸이자 페라라 공작 알폰소 데스테Alfonso I d'Este와 이사벨라 데스테Isabella d'Este의 동생이다. 루도비코 스포르차와의 사이에서 밀라노 공작 막시밀리아노 스포르차Maximiliano Sforza와 프란체스코 스포르차 2세를 낳았다. 재색을 겸비한 것으로 널리 이름을 알린 그녀지만 1497년에 셋째 아이를 낳다가 난산으로 세상을 떠났다.

독일의 철혈 재상으로 불린 비스마르크Otto Eduard Leopold von Bismarck. 그는 조국 통일을 위해 강력한 정책을 펼친 것으로 유명하다.

그러나 줄곧 한 군주의 통치를 받았던 국가의 시민은 통치자가 바뀌어도 복종하는 습성이 남아 있습니다. 단지 그들은 자신들 가운데 누가 또 다른 군주가 될 것인지 쉽게 합의를 보지 못하고 앞으로 어떻게 자치해 나갈지에 대해서도 불분명할 뿐입니다. 이처럼 그들은 당장 무기를 들고 새로운 통치자에 맞서기 어려우므로 새로운 통치자가 그들의 지지를 얻고 그들을 안심시키는 데 그리 많은 시간이 걸리지 않습니다.

하지만 공화국은 다릅니다. 공화국 시민은 정복자에 대한 증오와 복수에 대한 집념이 더욱 거세기 마련이며, 빼앗긴 자유에 대한 갈망이 한층 강렬합니다. 따라서 공화국을 지배하는 가장 확실한 방법은 오직 그 국가를 섬멸하거나 그곳에 직접 주둔하며 다스리는 것입니다.

제6장
군주의 역량과 군사력으로
확보한 신생 군주국

군주와 정부 유형과 관련하여 군주와 정부가 교체된
완전히 새로운 군주국을 논하면서 과거의 위대한 인물들을 거론하는
것은 그다지 이상한 일이 아닙니다. 인간이란 늘 조상의 행적을 모방
하기 마련입니다. 그러나 조상의 행적을 모방하거나 모방하고자 하는
대상의 역량에 도달하기가 늘 가능하지는 않습니다. 그렇더라도 지혜
로운 자는 항상 뛰어난 조상의 행적을 따르거나 그들을 모방하고자 끊
임없이 노력합니다. 그렇게 하면 설령 조상만큼의 결과를 얻지 못한다
하더라도 최소한 어느 정도의 명성은 얻을 수 있기 때문입니다. 뛰어

〈라오콘 군상〉. 기원전 1세기에 제작된 대리석 조각이다. 라오콘은 트로이 전쟁 때 그리스 진영의 계략을 알아차린 죄로 신들의 노여움을 사서 끔찍한 벌을 받았다. 현재 로마 바티칸 미술관에 소장되어 있다.

〈에로스와 순결의 여신의 전투〉. 이탈리아 화가 피에트로 바누키Pietro Vannuci의 작품이다.

난 궁수가 멀리 있는 목표물을 겨냥하여 활을 쏘는 원리와 같습니다. 궁수는 활의 원리를 알고 있기에 목표물보다 조금 더 높은 곳을 겨냥합니다. 그렇게 해야 마지막 순간에 화살이 목표물에 명중하기 때문입니다.

다시 말해 새로운 군주가 완전히 새로운 군주국을 통치할 때 겪게 되는 곤란은 순전히 군주의 역량에 달렸다고 하겠습니다. 일개 시민에서 군주로 올라섰다는 자체가 그가 역량을 갖춘 자이거나 행운이 따르는 자라는 뜻이므로, 군주의 역량과 행운이 신생국 성립에 어느 정도의 도움을 주었다고 볼 수 있습니다. 그러나 군주국의 성립 과정에서 군주의 역량이 행운보다 더 큰 영향을 미쳤다면, 군주는 자신의 위치를 더욱 공고히 할 수 있습니다. 게다가 그가 다른 국가를 보유하고 있지 않아 군주가 직접 정복지에 거주하며 다스려야 하는 경우라면 더욱 유리합니다.

행운이나 타인의 유리한 기운 대신 자신의 역량으로 군주가 된 인

밀라노 대성당. 세계에서 손꼽히는 화려한 성당 중 하나다.

물 가운데 뛰어난 자들로는 모세Moses(*기원전 13세기경에 이스라엘 민족을 이집트의 노예 상태에서 해방시킨 민족의 지도자), 키루스Cyrs(*고대 페르시아 제국의 건설자), 로물루스Romulus(*전설상의 로마 건국자), 테세우스Theseus(*그리스 신화에 나오는 아티카의 영웅) 등을 꼽을 수 있습니다. 혹자는 모세는 신의 뜻을 행한 자에 불과하므로 대상에서 제외해야 한다고 하나, 신과 교류할 만한 자로 간택되었다는 자체만으로도 칭송받아 마땅합니다. 그렇다면 키루스처럼 왕국을 정복하거나 건설한 자들에 대해 논의하겠습니다. 이들 또한 뛰어난 인물로, 그들의 특별한 행적을 살펴보면 신의 곁에 있던 모세와 크게 다를 바 없습니다. 그들의 삶과 행적을 보면, 주어진 재료를 가지고 최선의 결과물을 탄생시킬 기회가 있었다는 점 말고는 특별히 운에 의존한 바가 없음을 알 수 있습니다. 단, 그러한 기회가 없었더라면 그들의 엄청난 정신력은 소진되었을 것이며 또한 군주의 역량을 갖추지 못했다면 그러한 기회조차 물거품이 되었을 것입니다.

따라서 모세가 자신의 역량을 발휘하기 위해 유대인이 이집트인의 노예로 살아야 할 필요가 있었고, 유대인은 그 상태에서 벗어나기 위해 모세를 따를 준비가 되어 있었던 것입니다. 또 로물루스는 로마를 창설하기 위해 태어나자마자 고향인 알바를 떠나 버려져야 했습니다. 키루스 왕은 오랫동안 평화로운 상태를 유지하면서 유약해진 메디아인과 메디아인의 통치 속에서 고통받으며 불만을 품게 된 페르시아인이 필요했습니다. 테세우스도 아테네인의 분열이 없었으면 자신의 군주적 역량을 보여 줄 기회가 없었을 것입니다. 따라서 이 모든 기회가 이들에게 단지 행운으로 부여된 것이라면, 그들의 특별한 역량은 바로 그들이 이러한 좋은 기회를 잡아 적절히 활용한 점입니다. 결과적으로 위대한 군주들은 자신의 역량을 최대한 발휘하여 국가의 번영을 누렸다고 하겠습니다. 이들처럼 자기 자신의 특별한 능력으로 군주가 된 인물들은 권력을 확보하기까지 많은 곤란을 겪으나, 일단 확보하고 나면 유지하기는 어렵지 않습니다.

국가를 정복하거나 세우면서 겪는 시련은 그 과정에서 새로운 통치 방식과 제도 등을 적용할 때 발생하기도 합니다. 새로운 제도를 적용하는 것보다 어렵고 위험하며 실패하기 쉬운 일도 없음을 명심해야 합니다. 과거의 제도에 익숙한 데다 그 제도 아래에서 유리한 위치에 있던 자들이라면 당연히 새로운 군주에게 적대적일 테고, 새 제도로 이익을 누릴 자들 역시 새 군주를 지지하더라도 전폭적인 지지는 하지 않기 때문입니다. 그러한 잠재적 수혜자들은 과거에 법을 전횡하던 이들을 두려워하는 동시에 인간의 속성상 확실한 결과를 보기 전까지는

벤베누토 첼리니Benvenuto Cellini가 제작한 코시모 데 메디치Cosimo de Medici(1389-1464) 반신상.

〈앙기아리 전투〉. 1440년 6월 29일 피렌체 공화국이 이끄는 이탈리아 동맹군과 밀라노 공국군 사이에 벌어진 전투를 묘사한 그림으로, 전투는 피렌체의 승리로 끝났다. 레오나르도 다 빈치가 그린 이 그림은 미켈란젤로의 〈카시나의 전투〉의 경쟁 작품으로도 유명하나 현재는 이 그림처럼 준비 소묘와 모사도만 남아 있다.

미켈란젤로가 그린 〈카시나의 전투〉 모사본.

새로운 제도를 완전히 신뢰할 수 없기 때문입니다. 따라서 개혁에 반反하는 세력은 개혁 세력을 공격할 기회가 생기면 전력을 다하는 반면에 잠재적 수혜자들은 반신반의하는 자세를 취할 것입니다. 결국 개혁을 몰아붙이는 군주나 미온적 자세를 취하는 잠재적 수혜자들은 모두 엄청난 곤란에 빠지게 됩니다.

이와 같은 문제를 철저히 검토하려면 개혁 세력이 오로지 자신들의 힘만으로 개혁을 이끌어 가는지 아니면 타인의 힘을 빌려서 이끌어 가는지를 봐야 합니다. 다시 말해, 개혁에 성공하기 위해 타인의 힘을 빌려야 하는지 자신의 힘만으로도 충분할지를 검토해야 합니다. 타인의 힘에 의존할 경우 대부분 성공 확률이 미미하며 어떤 것도 성취하지 못하는 반면에, 스스로 감당할 힘이 있으면 개혁에 성공하기가 그리 어렵지 않습니다. 무장한 예언자는 모두 성공하고, 무장하지 않은 예언자는 모두 실패한 이유가 여기에 있습니다. 이러한 결과는 이미 언급한 이유 외에 변덕스러운 시민 때문에 발생하기도 합니다. 시민이란 무언가를 설득하기는 쉬워도 그대로 유지시키기는 어려운 존재입니다. 그들이 군주와 군주의 계획에 믿음을 갖지 못하면 무력을 사용해서라도 믿고 복종하게 해야 합니다.

무력을 이용하지 않았더라면 앞서 예로 든 모세와 키루스, 테세우스, 로물루스도 그들이 만든 새로운 제도를 오랫동안 유지하지 못했을 겁니다. 도미니크회 수도사였던 지롤라모 사보나롤라Girolamo Savonarola(1452-1498) 신부는 시민의 절대적 믿음을 잃으면서 자신의 새로운 정책과 함께 파멸하고 말았습니다. 그는 자신을 믿지 않는 자들의 마음을 돌리고 자신을 믿는 자들을 지키는 방법을 몰랐던 것입

프랑수아 1세François I(1494-1547) 초상화. 현재 파리 루브르 박물관에 소장되어 있다.

니다.

제가 언급한 유능한 개혁자들은 많은 시련을 겪었습니다. 그들은 자신의 뜻을 펼치기 시작하면서 자연히 많은 위험 세력과 맞닥뜨렸고, 각자의 뛰어난 역량으로 이 모든 역경을 헤쳐 나갔습니다. 또한 자신의 성공을 시기하는 세력을 맞닥뜨리기도 하는데, 이러한 세력마저 극복하고 나면 비로소 가장 강력한 역량을 갖춘 존중받는 군주가 되는 것입니다.

이제 또 다른 사례를 살펴보고자 합니다. 앞서 논의한 사례와 비교하면 그리 중요하지 않으나 역시 같은 맥락으로 예로 들 가치가 있고, 다른 모든 사례의 모범이 되기에도 충분합니다. 바로 시라쿠사의 히에론 왕(*히에론 2세Hiero II를 가리킴)입니다. 일개 시민에서 시라쿠사의 군주가 된 그는 좋은 기회를 잘 활용해 성공한 경우로, 그 좋은 기회

외에는 단순한 행운으로 얻은 성공은 전혀 없다고 볼 수 있습니다. 시라쿠사가 최대의 위기를 맞았을 때 장군으로 선출된 그는 자신의 임무를 성실히 완수함으로써 군주로까지 추대되었습니다. 히에론 왕은 개인적으로 엄청난 역량을 갖춘 인물로 평가되는데, "군주가 되기 위해 그가 갖추지 못한 것은 오직 왕국뿐이었다"라는 기록이 전해질 정도입니다. 그는 기존의 군대를 정비해 새로운 군대를 조직하고, 예전의 동맹을 끊고 새로운 동맹 관계를 구축했습니다. 그리고 이렇게 새로운 군대와 새로운 동맹국을 기반으로 자신이 계획한 국가를 설립했습니다. 즉, 그에게는 권력을 확보하는 것이 유지하는 일보다 어려웠습니다.

제7장
타인의 역량과 군사력으로
확보한 신생 군주국

단순히 운이 좋아서 일개 평민에서 군주의 자리에 오른 자에게는 권력을 유지하는 것이 무엇보다 어려운 일일 것입니다. 군주가 되는 자체가 날개를 달고 날아오른 듯 쉬웠기 때문에 처음에는 어려움을 느끼지 못하나 곧 많은 시련이 몰아닥치게 됩니다. 대부분은 돈이나 타인의 호의로 영토를 얻었을 경우에 발생합니다. 그리스의 도시 국가에서 비슷한 예를 많이 볼 수 있는데, 특히 다리우스 왕(*다리우스 1세를 가리킴)은 자신의 안전을 확보하고 명성을 드높이기 위해 이오니아와 헬레스폰투스Hellespóntus의 여러 도시 국가의 지배자들을

양兩 시칠리아 왕국의 국왕 페르디난도 2세
Ferdinando II(1810-1859). 1830년 11월 8일에 아
버지 프란체스코 1세의 뒤를 이어 양 시칠리아
왕국의 왕으로 즉위했다.

직접 지명했습니다. 또 다른 예로 일개 시민이 군대를 매수해 군주가
된 경우가 있습니다. 이러한 군주들의 권위는 절대적으로 타인들의 뜻
과 호의에서 비롯되었습니다. 한데 이 두 가지보다 불확실하고 불안한
요소도 없습니다. 또한 이들은 자신의 손에 들어온 권력을 계속 유지
하는 방법을 모를 뿐만이 아니라 유지할 능력도 없습니다. 게다가 군
주에게 필요한 지식도 없습니다. 엄청난 지능이나 역량을 갖추지 않은
한, 줄곧 평민이었던 그들이 수많은 시민을 거느리고 통치할 수 있으
리라고 기대할 수는 없습니다. 이들은 손에 들어온 권력을 유지할 능
력도 없습니다. 갑작스럽게 군주의 자리에 오른 이들에게 충성스러운
보좌 세력이 있을 리 만무하기 때문입니다. 이처럼 빠르게 세워진 국
가는 단단히 뿌리내리고 줄기를 뻗어 나갈 시간적 여유가 없기에 막상
악천후에 맞닥뜨리면 너무나 쉽게 무너집니다. 하루아침에 군주의 자

루브르 박물관에 소장되어 있는 프랑스 루이 15세Louis XV(1710-1774)의 왕관. 화려하고 값비싼 보석이 가득 박혀 있다. 이를 통해 당시 프랑스 왕이 누린 호화로운 생활을 짐작할 수 있다.

리에 오른 자들이 타인으로부터 얻은 것들을 지키기 위해 곧바로 어떤 조치를 취할 능력이 없거나, 다른 군주들이 군주의 자리에 오르기 전에 쌓아 온 내공을 나중에라도 보강하려고 노력하지 않는다면 위와 같은 상황은 반드시 일어나게 됩니다.

앞서 언급했듯 군주가 되는 두 가지 방법, 즉 군주의 역량이나 타인의 호의로 군주가 되는 방법과 관련해 최근의 두 가지 사례를 들겠습니다. 프란체스코 스포르차와 체사레 보르자입니다.

일개 시민이었던 프란체스코는 적절한 상황 대처 능력과 자신의 뛰어난 역량을 이용해 밀라노 공작 지위에 올랐습니다. 공작에 오르기 위해 수많은 시련을 경험한 이후 자신의 지위를 유지하는 데는 큰 어려움을 겪지 않았습니다.

반면에 체사레 보르자, 일명 발렌티노 공작은 부친 덕분에 공작의 자리에 올랐으나 지위를 계속 유지하는 데는 성공하지 못했습니다. 물론 부친의 힘으로 얻은 영토를 유지하기 위해 유능한 인물이 할 수 있는 모든 일을 하고 또 가능한 모든 수단을 동원했습니다. 그러나 그가 실패할 수밖에 없었던 이유는 이미 말씀드렸듯이, 처음부터 군주로서

피티 궁전. 피렌체에서 가장 규모가 큰 궁전으로, 메디치 가문의 경쟁 가문이었던 피티 가문이 1458년에 건축했다. 그러다 1549년에 메디치 가문으로 매각되어, 토스카나 대공국의 왕궁으로 쓰이기도 했다.

의 기반을 쌓아 온 자가 아니라도 뛰어난 역량만 갖추었다면 나중에라도 어느 정도 기반을 마련할 수 있으나 그 과정에서 수없이 많은 시련을 맞닥뜨리게 되고 그 결과물 역시 완벽하지 못했다는 데 있습니다.

그러나 발렌티노 공작의 행적을 포괄적으로 살펴보면 그가 군주로 자리매김하기 위한 강력한 기반을 마련하는 데 성공했음을 확인할 수 있습니다. 따라서 그의 행적은 신생 군주들의 모범 사례로 꼽기에 전혀 손색이 없습니다. 비록 체사레 보르자의 시도가 실패한 것은 사실이나 그것은 매우 특별하고 악의적인 운명 때문이라 마냥 그를 탓할 수는 없습니다.

발렌티노 공작의 아버지인 교황 알렉산데르 6세는 아들을 공작 지위에 오르게 만들기 위해 그 전후로 많은 고생을 감수해야 했습니다. 일단 아들을 교황령이 아닌 지역의 군주로 앉힐 수 없는 처지였습니다. 그렇다고 교황령 일부를 아들에게 넘겨주기에는 밀라노 공작과 베네치아인의 눈이 신경 쓰였습니다. 당시 파엔차와 리미니가 베네치아인의 수중에 들어가 있었기 때문입니다. 이 밖에 교황권의 확대를 가장 견제하는 세력이 이탈리아의 군사력을 장악하고 있다는 사실을 알고 있었습니다. 즉, 모든 군사력을 오르시니Orsini파(교황파)와 콜론나Colonna파(황제파), 그리고 그 추종자들이 장악하고 있어 이들의 군사력을 마음대로 사용할 수도 없었습니다.

그러한 이유로 기존 국가들의 영토를 일부라도 확보하려면 이탈리아를 혼란에 빠뜨려 국가 간의 질서를 무너뜨릴 수밖에 없었습니다. 이는 생각보다 간단했습니다. 당시 베네치아인이 어떤 이유로 프랑스 세력을 끌어들이려 한다는 사실을 알게 된 것입니다. 그리하여 교황은

교황 알렉산데르 6세

키루스 대제.

베네치아인의 결정에 반대하지 않고 루이 12세의 첫 번째 결혼의 취소를 허락함으로써 이를 더욱 촉진했습니다. 그러자 프랑스 왕은 베네치아인의 도움과 알렉산데르의 동의로 이탈리아를 침공했습니다. 교황은 루이 왕이 밀라노를 점령하자마자 로마냐 정복을 위해 프랑스 군대의 도움을 요청했고, 루이 왕은 이를 허락했습니다.

결국, 발렌티노 공작은 로마냐 지방을 점령하고 콜론나파를 멸한 후 점령지를 더욱 넓히려 했으나 두 가지 방해 요소에 맞닥뜨렸습니다. 첫째는 자신이 이용한 군대의 충성심이 의심스러웠고, 둘째는 프랑스 왕을 믿을 수 없다는 점이었습니다. 즉 여태까지 이용한 오르시니파 군대가 영토 확장에 방해될 뿐만 아니라 오히려 이미 확보한 영토를 빼앗지는 않을까 걱정되었고, 프랑스 왕에 대해서도 비슷한 의심이 들었습니다. 발렌티노 공작은 오르시니파 군대가 파엔차를 점령하

〈**피에타**〉. 예수를 안고 있는 성모 마리아를 조각한 작품으로, 미켈란젤로의 역작이다.

영국인들이 가장 사랑하는 아서왕은 전설 속의 인물이다. 영국이 위기에 처하면 다시 나타나겠다는 말을 남기고 사라졌다.

고 나서 볼로냐를 공격할 때 어쩔 수 없이 움직이는 것을 보고 그들의 충성심이 어느 정도인지 확인했습니다. 또 우르비노 공국을 점령한 이후 토스카나를 공격할 때 프랑스 왕이 이를 말리는 것을 보고 그의 진의를 확인했습니다. 그래서 발렌티노 공작은 더 이상 다른 세력의 군대나 호의를 믿지 않게 되었습니다. 그는 로마의 오르시니파와 콜론나파에 속한 많은 귀족을 자신의 세력으로 끌어들이고 특별 대우를 해줌으로써 두 파벌의 세력을 약화시켰습니다. 또한 그들 각자의 역량에 따라 대우를 달리하고 군사적 권력이나 지위를 부여했습니다. 그리하여 그들은 겨우 몇 개월 만에 그동안 유지해 온 파벌에 대한 충성심을 버리고 새롭게 발렌티노 공작에게 충성을 맹세했습니다.

발렌티노 공작은 먼저 콜론나파의 지도 세력을 와해시키고 오르시니파의 지도 세력을 파멸시킬 계획을 세웠습니다. 마침내 절호의 기회를 잡은 공작은 계획을 확실하게 실행했습니다. 뒤늦게야 이것이 공작과 교회 세력의 음모라는 것을 알아차린 오르시니파의 지도 세력은 페루자 지방의 마조네에서 다시 뭉쳤습니다. 이후 발렌티노 공작은 우르비노 지역의 반란과 로마냐 지방의 소요 등 수많은 위험을 경험하지만 결국 프랑스와 협력해 모든 위험을 극복할 수 있었습니다.

이를 계기로 공작은 자신의 위신을 세울 수 있었으나 결코 프랑스 왕과 다른 외부 세력의 도움을 신뢰하지 않았습니다. 그래서 되도록 외부 세력과의 협력을 피하고자 속임수를 이용했습니다. 자신의 속내를 숨기고 파올로 영주를 이용해서 오르시니파 지도 세력과 화해를 시도한 것입니다. 공작은 파올로의 환심을 사기 위해 격식을 차려서 후하게 대접하고 금은보화와 화려한 옷, 말 등을 선물했습니다. 결국 오

로렌초 데 메디치 조각상.

르시니파는 공작의 꾐에 넘어가 세니갈리아_{Senigallia} 등지에서 공작과 접견했습니다. 그리하여 공작은 오르시니파의 지도 세력을 멸하고 그 추종자들을 포섭하여 권력의 기반을 공고히 했습니다. 발렌티노 공작은 자신이 우르비노 공국을 포함해 로마냐 전 지역을 장악했을 뿐만 아니라 로마냐 주민들이 번영을 누리기 시작하자 민심이 그를 지지한 다고 생각했기 때문입니다.

제가 발렌티노 공작에 대한 논의를 생략할 수 없는 것은 이후 그의 정책이 타인의 모범이 될 가치가 충분하다고 평가되기 때문입니다. 로마냐 지방을 점령한 후 공작은 지금껏 이곳이 무지한 영주들에게 다스려져 왔다는 사실을 알았습니다. 영주들은 시민을 제대로 다스리기는 커녕 약탈 대상으로 삼았습니다. 즉, 영주들 자체가 무질서의 원인이 었기에 이 지역에는 도둑질과 싸움 등 온갖 불법 행위가 끊이지 않았

교황 바오로 3세Paulus III(1534-1549년에 재위).

던 것입니다. 공작은 이곳을 평정해 시민이 군주에게 복종하게 할 필
요가 있다고 판단했습니다. 그는 곧 이곳에 레미로 데 오르코Remiro de
Orco라는 포악하지만 정력적인 인물을 파견하고 이 지역의 통치에 대
한 전권을 위임했습니다.

　이후 레미로는 이곳에서 단기간에 질서와 평화를 일구어 엄청난 명
성을 얻었습니다. 그러나 공작은 레미로의 권력이 지나치게 확대되면
오히려 반감을 불러일으킬 수 있다고 판단하고, 지역 중심부에 시민
재판소를 설치하고 유능한 재판관과 법률가들을 파견했습니다. 레미
로의 정치 방식 때문에 자신이 시민의 원한을 사고 있음을 감지하고,
이를 무마하고 시민의 지지를 얻고자 그동안의 모든 조치가 공작 자신
이 아닌 레미로의 포악한 성질 때문임을 알리려 한 것입니다. 그리고
어느 날 아침, 체세나 광장에 레미로의 토막 난 시체와 형 집행에 사용

오란미얀Oranmiyan 왕 조각상. 오늘날 나이지리아 인근에 위치했던 베냉Benin 왕국의 제2왕조를 세웠다고 알려져 있다. 왕의 영민하고 용맹스러운 모습이 잘 드러난 작품이다.

된 나무토막, 칼 등을 걸어 두었습니다. 참혹하게 죽음을 맞은 레미로의 시체를 본 시민들은 한편으로는 좋아하면서 또 한편으로는 체사레보르자의 잔인함에 경악을 금치 못했습니다.

다시 본론으로 돌아가겠습니다. 이렇게 공작은 자신의 정예 부대를 소집해서 주변의 위험 세력을 소탕하고 막강한 권력을 확보하면서 어느 정도 안정을 찾았습니다. 그러나 영토 확보에 욕심을 버리지 않은 그는 프랑스 왕을 견제하기 시작했습니다. 후에 프랑스 왕이 공작의 야심을 알아차리고 그의 정책을 용인하지 않을 수 있다고 판단했기 때문입니다. 그리하여 공작은 새로운 동맹체를 찾는 동시에 프랑스 왕에게도 소극적으로나마 협조하는 척하는 미봉책을 사용했습니다. 스페인 군대가 가에타Gaeta를 포위하자 프랑스는 나폴리 왕국에서 군사 작전을 펼쳤고, 이에 공작은 프랑스를 지지하며 프랑스 왕을 안심시키려

했습니다. 아버지 알렉산데르가 죽지 않았다면 체사레 보르자의 정책은 곧 성공했을 것입니다. 이러한 정책들이 바로 보르자가 당시 직면한 상황에서 취한 조치입니다.

체사레 보르자 공작의 가장 큰 두려움은 혹시 새로 즉위한 교황이 자신이 아버지로부터 받은 권력을 빼앗지 않을까 하는 것이었습니다. 그래서 자신의 권력을 보호하기 위해 네 가지 계획을 마련했습니다. 첫째, 자신이 획득한 영토의 지배자 가문을 단절시켜 교황에 의해 다시 권력을 회복하는 일이 없도록 했습니다. 둘째, 이미 언급했듯 로마 귀족 전체를 포섭하여 교황에 대한 견제를 강화하려 했습니다. 셋째로 추기경 회의단의 환심을 사려 했고, 넷째는 아버지가 생존해 있을 때 최대한으로 권력을 확대해서 혹시 모를 공격에도 혼자서 맞설 수 있도록 준비하는 것이었습니다. 이 중 세 가지 계획은 알렉산데르 6세가 죽기 전에 성공했으며, 나머지 한 가지도 거의 성공한 단계에 이르렀습니다. 영토를 확보한 지역의 지배자 가문을 최대한 섬멸해 소수만 살려 두었고, 로마 귀족들과 추기경단을 포섭하는 데 성공한 것입니다. 새로운 영토를 확보하는 것과 관련해서는 토스카나 지방의 맹주가 될 계획을 세웠으며, 페루자와 피옴비노Piombino를 장악하고 피사 역시 그의 지배하에 두게 되었습니다. 또 프랑스가 스페인에 나폴리 왕국을 빼앗기자 공작은 더 이상 프랑스를 두려워할 필요가 없어져 피사를 급습했습니다. 루카와 시에나는 피렌체에 대한 시기심과 공작에 대한 두려움에 곧 항복하고, 피렌체 역시 어쩔 수 없는 상황에 몰렸습니다. 만약 발렌티노 공작이 이러한 모든 계획에 성공했더라면 막강한 군사력과 명성으로 누구도 범접할 수 없는 권력을 확보했을 겁니다.

교황 인노첸시오 10세(Innocentius X(1574-1655) 초상화. 로마의 도리아 팜필리 미술관에서 소장 중이다.

즉, 더 이상 외부 세력의 군사력이나 호의 없이 오로지 자신의 힘만으로 강력한 군주로 자리매김할 수 있었을 것입니다.

그러나 공작이 본격적인 활동을 시작한 지 5년 만에 아버지 알렉산데르가 죽고 말았습니다. 당시 그는 로마냐 지방만 장악했을 뿐 나머지 영토는 막강한 프랑스와 스페인 세력에 밀려 넋 놓고 바라볼 수밖에 없는 처지였습니다. 결국 건강이 나빠져 앓아눕고 말았습니다. 공작은 강인한 정신력과 훌륭한 역량을 갖춘 군주로, 외부 세력은 자신의 편으로 포섭하거나 그렇지 않으면 섬멸해야 한다는 논리를 정확히 간파하고 있었습니다. 이렇게 짧은 기간에 어느 정도 군주적 기반을 세우는 데 성공한 그였기에, 만약 프랑스나 스페인 같은 강력한 세력과 맞서지 않고 건강도 좋았더라면 충분히 모든 난관을 헤쳐 나갔으리라 생각됩니다.

발렌티노 공작이 탄탄한 권력 기반을 보유하고 있었다는 점은 다음의 사실로 확인할 수 있습니다. 로마냐 시민은 그가 병환으로 목숨이 위태로운 상황에서도 계속해서 그를 믿고 기다렸습니다. 그래서 발리오니Baglioni파와 비텔리Vitelli파, 오르시니파 지도자들이 로마에 입성해 반란을 선동하려 했지만 성공하지 못했습니다. 또 발렌티노는 교황 선출에서 자신이 지지하는 추기경이 선출되도록 할 수는 없었으나 적어도 자신에게 적대적인 자가 선출되는 상황은 막을 기회가 있었습니다. 아버지인 교황 알렉산데르 6세가 세상을 떠났을 때 아들인 그가 건강하기만 했더라도 성공하지 못할 일은 없었습니다. 율리우스 2세가 교황으로 선출되던 날 공작은 제게 이렇게 말했습니다. "아버지가 돌아가시기 전에 나는 이후 발생할 수 있는 모든 변수를 예상하고 대비책도

적들이 이름만 들어도 벌벌 떨었던 '마케도니아 방진Macedonian phalanx'의 발명자이자 마케도니아 제국의 창립자이자 세계의 왕 알렉산드로스 대왕의 부친으로, 성공한 교육자이기도 했던 마케도니아 국왕 필립포스 2세Philippos II(기원전 382년경-기원전 336).

모두 마련해 놓았다. 그러나 막상 아버지가 돌아가신 이후 나 자신도 생사의 갈림길에 놓일 줄은 전혀 예상하지 못했다."

발렌티노 공작의 모든 행적을 살펴보면 더 이상 그를 비판할 이유가 없어집니다. 이미 말했듯이 저는 그가 타인의 군사력이나 호의에 의해 권력을 확보한 이들에게 모범이 될 가치가 충분하다고 생각합니다. 그가 큰 뜻을 펼치지 못한 것은 단지 부친이 단명하고 자신이 건강하지 못했기 때문일 뿐, 공작은 야망이 있는 훌륭한 군주였습니다.

특히 다음의 문제들을 해결하고자 하는 신생 군주들에게 발렌티노 공작의 행적이 훌륭한 모범이 될 수 있습니다. 적의 공격에 효과적으로 대처하는 것, 동맹국을 만드는 것, 군사력이나 속임수로 국가를 정복하는 것, 시민에게 충성심을 갖게 하거나 두려움을 느끼게 하는 것, 군대의 충성심과 존경심을 유발하는 것, 위협 세력이나 위협할 가능성

영예를 사랑한 트로이의 영웅 아킬레우스 Achilleus

〈콘스탄티노플〉. 프랑스 화가 외젠 나폴레옹 플랑
댕Eugène Napoléon Flandin의 작품이다.

이 있는 세력을 섬멸하는 것, 전통적인 제도를 새롭게 정비하는 것, 엄
격하면서도 관대한 태도를 견지하는 것, 구식 군대를 해체하고 새로운
정예 부대를 조직하는 것, 왕이나 지배 세력의 행동을 견제하기 위해
동맹을 맺는 것 등이 바로 그것입니다.

　발렌티노 공작의 잘못된 선택이라면 오직 한 가지, 율리우스 2세를
교황으로 선출한 것입니다. 앞서 언급했듯이 그는 분명히 자신이 지
지하는 자를 교황 자리에 올릴 수는 없어도 적어도 자신에게 적대적
인 자가 교황이 되는 것은 막을 수 있었습니다. 또한 자신 때문에 피해
를 봤거나 교황이 된 후 자신을 견제할 만한 자가 교황으로 선출되는
일을 가만히 지켜봐서는 안 되었습니다. 인간은 반드시 자신이 원한
을 품고 있거나 두려워하는 자를 멸하기 때문입니다. 과거에 공작에게
핍박을 받은 추기경으로는 산 피에트로 인 빈콜리, 콜론나, 산 조르조,

그리고 아스카니오 등이 있었으며 그 밖에도 교황이 되면 공작을 견제할 인물들이 있었습니다. 예외가 되는 자들이 바로 루앙의 추기경과 스페인 출신의 추기경이었습니다. 즉, 공작은 우선적으로 스페인 출신 추기경이 교황이 되도록 지지하되, 그것이 어려우면 적어도 산 피에트로 인 빈콜리가 아닌 루앙의 추기경이 교황 자리에 오르게 해야 했습니다. 고위직 권세가들에게 새로운 호의를 베푼다고 해서 과거의 원한을 무마할 수 있으리라 생각하는 것은 엄청난 착각입니다. 발렌티노 공작은 교황 선거에서 이 같은 결정적인 실수를 저지름으로써 결과적으로 자멸을 초래했습니다.

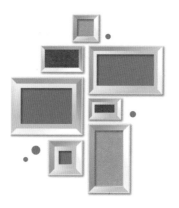

제8장
사악한 방법으로
군주가 된 인물들

일개 시민에서 군주의 자리에 오르는 방법에는 오직 운명이나 역량에 의존하는 것 외에 두 가지가 더 있습니다. 하나는 공화국 편에서 다시 상세하게 논하겠습니다. 첫째는 사악한 방법을 이용해 군주가 되는 것이고, 다른 하나는 다른 동료들의 지지를 얻어 군주가 되는 것입니다. 먼저 첫 번째 방법을 논하기 위해 고대의 사례 한 가지와 현재의 사례 한 가지를 들려고 합니다. 무엇보다 이 방법의 장점에 대해서는 직접적으로 논하지 않을 것입니다. 이 방법을 사용할 자에게는 지금부터 이야기할 두 가지 사례로 충분히 설명이 가능하기

코시모 1세 데 메디치의 부인 엘레오노라Eleanora와 아들 조반니 데 메디치Giovanni de Medici.

시리아의 참주를 지낸 아가토클레스. 기원전 304년에 왕위에 올랐으나 손자에게 독살을 당했다.

때문입니다.

평민 출신의 시칠리아인 아가토클레스Agathokles(기원전 361-기원전 289)는 가난한 도공의 아들로 태어났지만 결국에는 시라쿠사의 왕에 올랐습니다. 그는 무자비한 악행을 저질렀음에도 타고난 기백을 내세워 입대했고, 차례차례 단계를 밟아 올라가며 시라쿠사 군대의 사령관이 되었습니다. 이후 누구의 도움도 없이 오직 무력을 이용하여 권력을 장악하고 군주의 자리에 오를 계획을 세웠습니다. 아가토클레스는 자신의 계획을 달성하기 위해 시칠리아 내에서 전쟁을 치르고 있던 카르타고인 하밀카르와 음모를 꾸몄습니다. 공화국의 중대사를 결정한다는 명목으로 시라쿠사의 부유층과 원로원을 소집했고, 모두 모이자 자신의 군대를 동원해서 한꺼번에 살해하는 만행을 저질렀습니다. 이러한 잔인한 과정을 통해 시라쿠사를 장악했습니다.

아가토클레스는 카르타고인들에게 패한 전적이 두 차례 있으나, 그들에게 포위당한 상황에서도 해당 영역을 방어하는 역량을 발휘했고 방어에 투입된 병력을 제외한 나머지 군대를 이끌고 아프리카 본토를 침공하는 자신감까지 보였습니다. 그리하여 단번에 카르타고인들에게 포위당한 도시를 구하고 오히려 카르타고인을 궁지로 몰아넣는 데 성공했습니다. 결국, 카르타고인들은 시칠리아를 아가토클레스에게 넘겨주고 아프리카 본토로 만족하는 협정을 맺었습니다.

아가토클레스의 출생과 왕으로 살아온 인생을 살펴보면, 태어날 때의 운명이 그의 성공에 그리 큰 영향을 미치지 않았다는 사실을 알 수 있습니다. 그가 입대하고 군사령관이 되어 권력을 잡은 후 엄청난 위험을 무릅쓰고 대담한 결정들을 수행하며 권력을 유지할 수 있었던 것

메흐메트 2세Mehmet II(1432-1481). 오스만 제국의 제7대 술탄이자 처음으로 카이사르와 칼리프의 칭호를 쓴 인물이다. 동로마 제국의 수도 비잔티움을 무너뜨린 것으로 가장 유명하다.

베르사유 궁전의 전쟁 그림으로 장식된 복도. 왕자와 왕이 머무는 장소였다.

은 누구의 도움 덕분이 아니었습니다. 오직 자신의 역량에 의한 것이었습니다.

그러나 동료를 배신하고 심지어 살해하는 의리 없는 행동이나 잔인하고 반종교적인 행위들을 옳다고 할 수는 없습니다. 권력을 얻을지라도 결코 명예로운 행위로 인정받기 어렵습니다. 물론 아가토클레스의 대담한 위기 대처 능력과 곤란을 헤쳐 나가는 불굴의 의지, 그리고 그에 기인하여 성공한 결과만 놓고 보면, 그를 유능한 장군에 비유하는 것은 어찌 보면 당연합니다. 그러나 그는 잔인하고 반인륜적인 행위와 악행을 통해 권력을 유지했으므로 결코 훌륭한 인물로 칭송받을 수 없습니다. 이처럼 아가토클레스의 성공은 사악한 방법을 통한 결과물이기에, 이를 타고난 운명에 의한 성공이냐, 특별한 역량에 의한 성공이냐 하는 이분법적인 사고방식으로 설명하기는 어렵습니다.

〈그리스도의 변용〉 라파엘로가 추기경 줄리오 데 메디치의 요청으로 프랑스 나르본느의 성당을 위해 제작한 제단화(祭壇畵, 교회의 제단 안쪽에 그려진 그림)다. 라파엘로의 임종 직전에 제작되어 그의 마지막 작품이 되었다.

아호텝 1세Ahhotep I(기원전 1560-1530년경)의 황금 팔찌. 여왕의 통치 시기는 고대 이집트 제17왕조였지만 이 팔찌는 제18왕조의 파라오가 제작했다. 황금 팔찌를 통해 당시 황후와 제왕의 존귀함을 엿볼 수 있다.

알렉산데르 6세가 교황으로 재위 중이던 당시 페르모의 올리베로토Oliverotto Euffreducci(1475-1502)는 아버지를 일찍 여의고 외삼촌 조반니 폴리아니 밑에서 자랐습니다. 청년이 된 올리베로토는 파올로 비텔리Paolo Vitelli(1461-1499) 아래서 군사 훈련을 받으며 군사 업무를 익히고 출세를 꿈꿨습니다. 그러다 파올로가 죽은 뒤 그의 형 비텔로초Vitellozzo Vitelli(1458년경-1502)의 용병대에서 싸웠으며, 마침내 능력을 인정받아 비텔로초 군대의 지휘관으로 발탁되었습니다. 그러나 올리베로토는 누군가의 명령을 받드는 것을 굴욕이라고 생각하는 인물이었습니다. 그는 공화국 형태의 페르모에서 자유를 누리기보다는 자신들에게 힘을 실어 줄 강력한 군주가 나타나기를 원하는 일부 시민의 지지를 받아 페르모의 권력자로 나설 계획을 세웠습니다. 그래서 숙부에게 서신을 보내 오랜 타지 생활에 지쳐 고향으로 돌아가 숙부를 만나고 자신의 유산도 확인하고 싶다고 했습니다. 그리고 자신의 목표는 오직 고향의 동료들에게 지금껏 자신이 얻은 명예를 확인시켜 주는 것이기에 군대 동료와 부하 100명을 선발해 함께 귀환하겠노라고 전하는 동시에 페르모 시민들이 자신을 위해 성대한 환영식을 열어 주도록

카롤링거 왕조의 제2대 프랑크 국왕 샤를마뉴 대제Charlemagne(748년경-814)의 조각상
으로 1365-1380년에 제작되었다. 루브르 박물관에 소장되어 있다.

주선해 달라고 요청했습니다. 또한 이것은 자신뿐만 아니라 숙부에게
도 매우 명예로운 일임을 강조했습니다. 그리하여 조반니는 조카를 위
해 성대한 환영식을 열어 그를 맞이했고, 시민들도 올리베로토를 정중
히 맞았습니다. 숙부의 저택에 머물게 된 올리베로토는 며칠 동안 자
신이 계획한 범죄를 마침내 실행에 옮길 만반의 준비를 마치고 공식
환영 연회에 참석했습니다. 연회에는 숙부를 비롯한 페르모의 유명 인
사들이 모두 초대되었습니다. 연회 행사가 끝나자 올리베로토는 알렉
산데르 교황과 그의 아들 체사레 보르자의 막강 권력과 행적들에 대해
논하며 점점 진지한 문제를 거론하기 시작했습니다.

그러자 숙부와 참석 인사들이 의견을 내놓기 시작했습니다. 이때
올리베로토가 갑자기 자리에서 일어나 이렇게 심각한 토론은 별실로
자리를 옮겨서 하는 것이 좋겠다고 제안했습니다. 그가 먼저 별실로
가니 숙부와 참석자들도 아무 의심 없이 별실로 자리를 옮겼습니다.
그러자 그곳에 숨어 있던 올리베로토의 동료와 병사들이 튀어나와 이
들을 전부 살해했습니다. 잔인한 만행을 저지른 올리베로토는 말을 타
고 다니며 도시 곳곳을 장악하고 주요 관리들의 집을 포위했습니다.

오스만투르크 제국의 제10대 술탄 술레이만 1
세Suleiman I(1494-1566). 재위는 1520년부터
1566년까지다.

겁에 질린 관리들은 꼼짝없이 그에게 복종할 수밖에 없었고, 결국 그
가 새로운 정부의 군주가 되었습니다.

폭력으로 모든 저항 세력을 제압한 올리베로토는 새로운 민정과 군
제를 통해 권력 확립에 나섰습니다. 그 후 1년 만에 페르모에서 자신
의 권력을 공고히 하고 인접국들에게 위협적인 세력으로 떠올랐습니
다. 만약 오르시니파 지도자들과 비텔로초 비텔리가 세니갈리아에서
체포되었을 때 올리베로토도 체사레 보르자의 속임수에 넘어가지 않
았다면, 올리베로토를 축출하는 것은 아가토클레스의 축출만큼이나
힘들었을 것입니다. 하지만 그 역시 숙부를 살해한 지 1년 만에 그곳
에서 체포되었고, 스승 비텔로초와 함께 교살당했습니다.

아가토클레스나 그와 비슷한 인물들이 이처럼 엄청난 만행을 저지
르면서도 어떻게 자신의 도시를 오랫동안 안전하게 유지하고 외부 세

력의 공격을 잘 방어하며 시민들의 음모에도 흔들리지 않을 수 있었는지 궁금할 것입니다. 이렇게 지배자들이 잔인한 짓을 저지른 경우는 언제나 불확실한 상황인 전시에는 말할 것도 없고 평화 시에도 권력을 유지하기 어렵기 때문입니다.

저는 이러한 차이가 바로 잔인한 조치들이 잘 이루어졌는지 또는 잘못 이루어졌는지에 좌우된다고 믿습니다. 그러한 조치가 잘 이루어졌다는 것은 자신의 안전을 위해 모든 조치를 한꺼번에 행하고 그 후에는 이러한 조치 대신 가능한 한 시민들에게 유익한 조치로 바꾸어 행하는 것을 의미합니다. 반대로 잔인한 조치가 잘못 이루어졌다는 것은 갈수록 잔인한 조치를 하는 횟수가 늘어 가는 것을 말합니다. 전자의 경우 아가토클레스가 그랬듯이 타고난 운명과 역량을 뛰어넘는 결과를 얻을 수 있겠으나 후자의 경우에는 권력을 오랫동안 유지하는 데 어려움을 겪게 될 것입니다.

따라서 정복자는 국가를 정복하고 권력을 확보하고 나면 필요한 모든 잔인한 조치를 생각하여 한꺼번에 저지름으로써 더 이상 그러한 조치를 되풀이할 필요가 없도록 해야 합니다. 잔인한 조치 이후의 절제는 민심을 수습하여 자기편으로 끌어들이는 데 반드시 필요합니다. 대담성이나 판단력이 부족해 절제를 행하지 못하는 자는 늘 손에 칼을 쥐고 있을 수밖에 없습니다. 이는 자연히 시민의 불신과 적대감을 부채질할 것입니다. 계속되는 만행에 불안감을 느끼지 않을 시민은

프란체스코 마리아 조각상.

〈모세〉. 미켈란젤로 부오나로티Michelangelo Buonarroti의 작품으로 메디치 가문이 소장하고 있다.

리스본에 있는 제로니무스 수도원. 정문에서 오른쪽으로 향해 왕자 엔 리케와 예수의 열두 제자 조각상을 볼 수 있다.

없기 때문입니다. 잔인한 행동은 지속적으로 이루어지는 것보다 한꺼 번에 행해질 때 그 강도가 덜하게 느껴지며, 그로 말미암아 유발되는 반감과 분노 역시 상대적으로 적어집니다. 반면에 시민에게 베푸는 은 덕은 조금씩 베풀어야만 그 강도나 효과가 더 크게 느껴집니다.

또한 군주는 무엇보다 늘 시민과 함께 생활하는 것이 중요합니다. 이는 좋든 나쁘든 군주가 갑작스러운 사태로 자신의 행위를 수정하 는 일을 막아 줍니다. 군주는 비상시에 결단의 조치를 할 시간적 여 유가 없을 것이며, 그러한 상황에서 군주가 베푼 은덕은 큰 도움이 되지 못하기 때문입니다. 이럴 때 베푼 은덕은 마치 상황에 닥쳐 어쩔 수 없이 베푼 것처럼 보이기 마련이라 시민에게 큰 믿음을 얻기 어렵 습니다.

곤란에 처한 군주는 관리들에게 복종하는 데 익숙해져 있는 시민과 신민을 회유해 절대적 권위를 형성할 시간이 없으며, 자신이 믿고 의지할 세력조차 찾기 어려울 것입니다. 군주가 안정적인 권력을 유지할 때는 모두가 군주에게 죽을 각오를 내세우며 충성을 맹세하나, 그렇지 못할 때는 누구나 등을 돌리기 마련입니다. 이렇게까지 된 상황에서 그들의 충성도를 시험하는 것은 부질없는 짓입니다. 현명한 군주는 어떠한 역경이 닥쳐도 시민과 신민이 모두 자신을 믿고 충성할 수 있도록 조치해야 합니다. 시민의 한결같은 충성은 이렇게 만들어집니다.

—— 제2부 ——

시민 정치,
군대 정치, 교회 정치

제9장
시민형 군주국

다음으로 시민 스스로 악이나 폭력이 아닌 주위의 원조와 지원을 통해서 군주가 되는 국가, 즉 '시민 군주국'을 소개하겠습니다.

시민 군주국의 군주는 능력이나 행운만이 아니라 기회를 만들어 내는 지혜가 필요하며, 모든 도시 국가에는 귀족과 평민이라는 두 계급이 존재하므로 둘 중 어느 한 계층의 지지를 얻는 것 또한 중요합니다. 시민 군주국의 유래는 다음과 같습니다. 시민은 줄곧 귀족에 의해 노역을 하거나 억압받기를 거부해 온 반면에, 귀족은 시민을 노예로 삼

거나 억압하기를 멈추지 않았습니다. 이러한 대립은 결국 군주국이나 공화국 혹은 무정부 국가 등을 발생시키며, 이 가운데 군주 정치는 시민이나 귀족 중 한 계층에 의해 세워집니다.

군주는 평민이나 귀족 중 먼저 우위를 차지하는 쪽에서 나옵니다. 귀족은 평민에 대한 자신들의 영향력이 약하다고 판단되면 그들 안에서 또 다른 실력자를 찾아내 통치자로 내세우고, 그의 권력을 통해서 자신의 욕망을 실현하려 합니다. 시민 역시 귀족에 대항할 자신들의 힘이 약하다고 판단되면 그들 안에서 실력자를 뽑아 군주로 추대하고 권력을 확보하려고 합니다. 그러나 귀족에 의해 옹립된 군주는 주위에 스스로 군주와 대등하다고 여기는 세력이 많아 시민의 지지로 군주가 된 이보다 자리를 보전하기가 더 어렵습니다.

시민에 의해 왕으로 추대된 이는 도전하는 세력이 적어 독재 정치

그리스 도시 국가 테베의 장군이자 정치가였던 에파미논다스Epaminondas. 그의 지휘 아래 테베는 스파르타의 제압에서 벗어나 최강국으로 발돋움했다.

를 할 수도 있습니다. 특히 군주가 사리사욕에 집착하지 않고 공정하다면, 설사 귀족의 저항이 거세다 할지라도 시민으로부터 확실한 지지를 얻을 수 있습니다. 시민이 원하는 바는 단지 귀족들의 억압에서 벗어나는 것으로, 귀족들의 권력에 대한 욕심과 달리 순수하기 때문입니다. 그러나 귀족은 수적으로 적어서 반감을 사더라도 그리 위협적이지 않은 반면에, 시민은 수적으로 많아서 한번 반감을 사면 군주의 자리가 위태로워집니다. 따라서 군주는 자신에게 반감을 품은 시민의 행동을 주시하며 절대로 방관해서는 안 됩니다. 또한 귀족은 시민보다 훨씬 예리하고 통찰력이 뛰어나서 자신이 불리하면 유리한 위치에 설 것으로 예상되는 세력에 편승하려고 합니다. 그러나 군주는 귀족이 권력 행사에 방해물이 될 수 없음을 알고 늘 시민의 손을 들어주어야 합니다. 귀족이란 지위는 군주가 마음만 먹으면 언제든 부여하거나 빼앗을

르네상스를 상징하는 작품으로, 미켈란젤로의 대표작으로 추앙받는 〈천지창조〉.

시스티나 예배당 천장화. 자신을 조각가로 생각했던 미켈란젤로는 처음에는 이 작업을 내켜 하지 않았다고 한다.

수 있는 자리인 까닭입니다.

이를 더욱 잘 알기 위해서 귀족을 두 가지 측면에서 분석해 볼 필요가 있습니다. 일단 귀족의 행동이 군주의 뜻과 연관이 있는지 살피되, 탐욕스러운 귀족이 아니라면 존중하며 받아들이고 반대로 용기가 없고 소심한 귀족이라면 잘 이용해야 합니다. 특히 지략가들은 국가가 번영할 때는 군주에게 충성하고 위기에 처하더라도 등을 돌리지는 않을 것이기에 더욱 그러합니다. 그러나 야심에 불타 일부러 군주를 멀리하는 귀족은 자신의 이익을 군주의 운명보다 우선한다는 증거이므로 경계할 대상입니다. 이들은 국가가 위기에 처하면 가장 먼저 배신해 군주를 몰락시키는 데 앞장설 것입니다.

한편, 시민의 지지로 군주가 된 자는 계속해서 시민의 환심을 사도록 노력해야 합니다. 시민이란 단지 억압당하지 않는 것만으로도 만족하기에 그들의 환심을 사는 일은 그리 어렵지 않습니다. 특히 시민에게 반감을 사던 자가 귀족 회의를 통해 군주에 오른 경우라면 더더욱 시민의 환심을 사도록 노력해야 합니다. 이는 그들을 보호함으로써 쉽게 성취할 수 있습니다. 인간이란 자신을 억압하는 이로부터 호의를 받으면 그 강도를 더욱 크게 느끼기 마련입니다. 즉, 시민은 자신의 지지로 군주가 된 자보다 처음에는 억압하다가 나중에 호의를 베푸는 군주에게 더 큰 호감을 느낍니다.

군주가 시민의 환심을 사서 자기편으로 만드는 방법은 종류가 다양하고 상황에 따라 변하므로 정확하게 거론하기가 어렵습니다. 따라서 그에 대한 설명은 제쳐 놓도록 하겠습니다. 일단 군주가 되면 시민을 자신의 편으로 만드는 것이 무엇보다 중요하다는 사실만 명심하면 됨

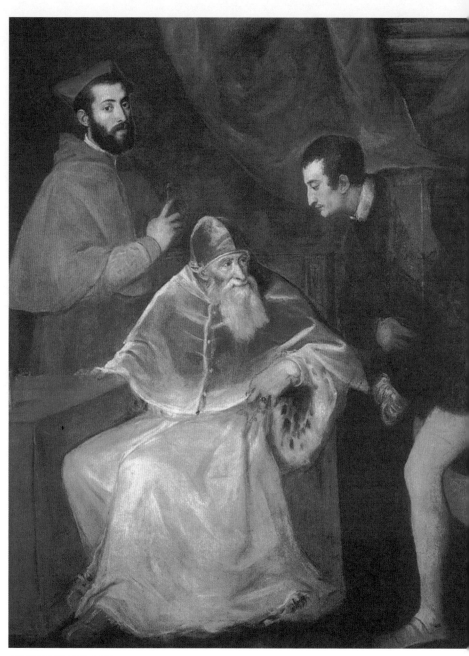

교황 바오로 3세와 그의 손자들.

부르고뉴 대 집사였던 필립 포Philippe Pot의 무덤. 그는 1493년 9월 15일경 사망했다. 현재 루브르 박물관에서 소장 중인 이 조각품은 프랑스 부르고뉴 지역의 장례 행렬을 표현했다. 주요 부분은 장군의 조각으로, 좌우 양측에 네 명씩 수사修士의 조각상이 자리하고 있다.

카르타고(*튀니스 만 연안의 도시 국가)의 정치가이자 장군이었던 한니발.

테살로니키 해변에 있는 알렉산드로스 대왕 기마상.

니다. 그렇지 못하면 곤란이 닥쳤을 때 속수무책의 상태에 몰릴 수도 있습니다.

그리스의 도시 국가 스파르타의 군주였던 나비스Nabis(기원전 240년경-기원전 192)는 그리스의 막강한 세력들만이 아니라 당시 승승장구하던 로마군의 포위 공격까지 잘 막아 내며 자신의 국가를 지켜 냈습니다. 그는 위기 상황이 닥쳐도 소수 세력과 맞서기만 하면 되었습니다. 그동안 시민과 충분한 우호 관계를 쌓아 왔기 때문입니다.

이러한 제 논의에 대해 "시민 위에 서 있는 자는 진흙 위에 서 있는 것과 같다"는 낡은 격언으로 의구심을 표한다면 곤란합니다. 이 격언은 시민의 지지로 군주에 오른 일개 시민이 적대 세력에 의해 궁지에 내몰린 상황에서 시민들이 나서서 자신을 구하러 오리라는 믿음이 있을 때 적용되는 것입니다. 이때 일부 군주는 자신이 지나치게 시민을 믿고 있었음을 깨닫게 될 것입니다. 마치 로마의 그라쿠스 형제(*티베

〈아이아스의 자살〉. 기원전 530년경에 제작되었다.

리우스 그라쿠스와 가이우스 그라쿠스 형제를 가리킴)나 피렌체의 조르조 스칼리처럼 말입니다. 그러나 시민의 지지로 군주가 된 자 중에서 시민을 현명하게 다스리는 방법을 알고 용맹을 갖춘 자가 있다면 그는 아무리 큰 곤란이 닥쳐도 결코 절망하지 않을 것이며, 자신의 역량을 발휘하여 시민의 사기를 세워 주어 시민에게 배반당하기는커녕 자신의 권력을 더욱 공고히 할 수 있습니다.

시민형 군주국은 군주가 직접 통치하거나 관리를 통해 지배되기 때문에 절대적 체제로 변형을 시도할 경우 어려움을 겪을 수밖에 없습니다. 관리를 통해 지배될 경우 군주의 권력은 전적으로 관리들의 호의에 의존하기에 존망 자체를 예측할 수 없게 됩니다. 이러한 상황에서 시민이 반란을 일으켜 저항한다면 군주는 속수무책의 지경에 몰립니다. 특히 곤란에 처한 군주는 관리들에게 복종하는 데 익숙해져 있는 시민과 신민을 회유해 절대적 권위를 형성할 시간이 없으며, 자신이 믿고 의지할 세력조차 찾기 어려울 것입니다. 군주가 안정적인 권력을 유지할 때는 모두가 군주에게 죽을 각오를 내세우며 충성을 맹세하나, 그렇지 못할 때는 누구나 등을 돌리기 마련입니다. 이렇게까지 된 상황에서 그들의 충성도를 시험하는 것은 부질없는 짓입니다. 현명한 군주는 어떠한 역경이 닥쳐도 시민과 신민이 모두 자신을 믿고 충성할 수 있도록 조치해야 합니다. 시민의 한결같은 충성은 이렇게 만들어집니다.

메디치 가문 무덤 안의 조각상 중 '로렌초' 조각상. 미켈란젤로의 작품이다.

제10장
군주국의 역량을
측정하는 방법

군주국의 성격은 해당 국가의 군주를 보면 알 수 있습니다. 즉, 군주가 위급한 상황에 자신을 방어할 만한 강력한 권력을 갖추었는가, 아니면 늘 누군가의 도움을 받아야 하는가를 보는 것입니다. 군주가 국가 위기 상황에서 적군에 맞설 만한 충분한 군대와 자금을 보유하고 있다면 그 국가는 유지될 것이며, 그렇지 못해 군주가 성벽 안으로 피신해야 하는 상황이라면 반드시 누군가의 도움을 받아야 할 것입니다.

전자는 앞서 논의한 바 있기에 필요할 경우 다음에 다시 이야기하

프랑스의 마지막 왕이었던 루이 필리프Louis Philippe(1773-1850).

도록 하겠습니다. 후자의 경우는 어떨까요? 이때 군주는 우선 영토 내에 튼튼한 요새를 만들고 식량을 충분히 비축해 두는 방법밖에 없습니다. 어떠한 세력이든 튼튼한 요새를 보유하고 있고 앞서 언급한, 그리고 앞으로 논의할 방법들을 통해 신민을 다루는 군주에게 맞서기란 쉽지 않은 일이기 때문입니다. 인간이면 누구나 승리를 장담하기 어려운 전투 앞에서 망설이기 마련입니다. 시민의 지지를 받으며 또 도시 내에 튼튼한 요새를 갖추고 있는 군주는 결코 만만한 상대가 아닐 겁니다.

독일의 도시들은 대부분 독립적이고, 농촌 지역의 영토를 많이 보유하고 있지 않습니다. 이들은 필요할 때만 황제에게 충성하며 여타 인접 세력을 두려워하지도 않습니다. 이 도시들은 방어 태세를 잘 갖추고 있어 외부 세력이 공격하기가 어렵기 때문입니다. 견고한 성벽에 해자를 두르고 충분한 대포를 보유하고 있으며, 창고에 1년도 너끈하게 버틸 수 있을 만큼의 연료와 식량, 물 등을 비축하고 있습니다. 시민 역시 1년간 일하며 생계를 유지할 수 있는 기반이 갖추어져 있습니다. 또한 이 도시들은 군사 훈련을 중시하여 많은 관련 규정을 마련한 상태입니다.

이처럼 질서가 잡혀 있는 도시를 보유하고 시민의 호감을 산 군주라면 그 어떤 외부 세력의 위협에도 안전할 수 있습니다. 설사 그를 공격하는 자가 있을지라도 결국 상대방이 비참한 최후를 맞을 겁니다. 요즘처럼 한 치 앞도 내다볼 수 없는 세상에서, 그것도 1년씩이나 끄떡도 하지 않을 상대를 향해 도전하는 것은 어리석은 일입니다. 물론 적군이 끊임없이 공격하는 상황에서 자신의 재산이 점점 소실되어 가

〈비너스의 탄생〉. 산드로 보티첼리Sandro Botticelli의 작품으로, 조르조 바사리Giorgio Vasari의 기록에 따르면 메디치 가문이 소유했던 카스텔로의 시골 별장에 있었다고 한다. 현재는 우피치 미술관에 있다.

알폰소 5세Alfonso V 흉상. 현재 루브르 박물관에 소장되어 있다.

는 것을 바라보는 시민들이 팔짱만 끼고 상황을 구경하는 군주에게 실망해 반항할 가능성도 있습니다. 그러나 현명한 군주라면 자신의 시민들에게 이러한 상황이 곧 끝나리라는 믿음과 희망을 주고 한편으로 적군의 잔인함에 대한 경각심을 일깨우는 동시에 시끄러운 반항 세력을 교묘하게 처단해 위기를 헤쳐 나갈 테지요.

초반에 적군이 공격을 시작할 때는 성 외곽 지역이 불타고 약탈당하더라도 아직은 시민들이 버틸 각오가 충분한 상태이기에 문제가 없습니다. 그리고 며칠이 지나면 시민들 역시 다소 침착해진 상태로 사태를 받아들여 군주가 걱정할 게 없습니다. 더욱이 시민들은 적군에 맞서는 과정에서 자신의 집과 재산이 소실되었고, 이로써 군주가 자신들의 도움을 받았다고 생각하기 때문에 오히려 군주와 더욱 친밀한 관계를 형성하게 됩니다. 인간이란 본질적으로 자신이 받은 것 말고 베푼 것만으로도 상대와 강한 유대 관계를 유지하려고 합니다.

퐁파두르Pompadour 부인(1721-1764). 본명은 잔-앙투아네트 푸아송Jeanne-Antoinette Poisson으로 파리의 금융업
자 집안에서 태어났다. 루이 15세의 정부가 되고, 이어서 국왕의 개인 비서가 되었다. 루이 15세는 그녀를 퐁
파두르 후작 부인으로 임명한다.

갈리아 전쟁 때 사용된 투구.

따라서 상기의 사실들을 고려할 때, 국가가 충분한 방어력과 식량을 갖춘 상태라면 어떤 세력의 공격에도 군주의 권력은 여전히 안정적인 상태를 유지할 수 있습니다.

제11장
교회형 군주국

마지막으로 교회형 군주국에 대해 논하겠습니다. 교회형 군주국의 어려움은 대부분 교회 국가를 형성하는 과정에서 겪게 됩니다. 왜냐하면, 이 군주국은 누군가의 역량이나 운으로 만들어지나 이를 유지하는 데는 두 가지 모두 필요하지 않기 때문입니다. 교회형 군주국은 오래되고 강력한 종교를 통해 유지되는데, 이는 군주에게 그가 어떤 통치를 하든 상관없이 강력한 권력을 실어 줍니다. 따라서 군주는 국가의 주인이되 국가 방어에 힘쓰거나 시민 통치를 위해 무언가를 할 필요가 없습니다. 군주가 국가 방어에 무관심하더라도 국가를

교황 비오 5세Pius V(1566-1572년에 재위)의 유체.

빼앗길 우려가 없으며 시민들 역시 군주가 그릇되게 통치하더라도 큰
관심이 없습니다. 그들은 군주를 몰아낼 수도 없지만 그럴 마음도 없
습니다. 이러한 국가야말로 진정으로 안정적이고 행복한 국가가 아닐
까요? 그러나 교회형 군주국은 인간의 능력을 벗어난 초월적 권능에
의해 다스려지므로 더는 언급하지 않겠습니다. 신에 의해 만들어지고
유지되는 국가를 검토하는 것보다 오만한 행동도 없을 테니까요.

  그러나 교황 알렉산데르 6세가 즉위하기 전까지는 밀라노, 베네치
아 등의 주요 통치 세력과 영주, 귀족, 심지어는 미미한 세력들조차 교
회의 권력을 대단하게 생각하지 않았습니다. 그렇다면, 교회의 권력
이 어떻게 해서 프랑스 왕이 경계할 만큼 강대해졌을까요? 이는 교회
세력이 프랑스 왕을 이탈리아에서 몰아내고 베네치아 공화국을 몰락
시킨 데서 시작합니다. 물론 널리 알려진 사실입니다. 본디 이탈리아
는 프랑스 샤를 8세가 침공하기 전까지 교황과 베네치아, 나폴리, 밀

피렌체에 있는 우피치 미술관. 세계에서 가장 많은 미술품을 소장하고 있는 곳 중 하나로 피렌체는 물론 이탈리아의 명소다. 과거 메디치 가문이 소장했던 예술품들도 여럿 있다.

라노, 피렌체의 지배를 받고 있었습니다. 이 각각의 세력은 두 가지에 초점을 맞추고 있었는데, 그중 하나는 외부 세력이 이탈리아를 무력으로 침공해서는 안 된다는 점이고 다른 하나는 이탈리아의 어느 세력도 더 많은 영토를 보유해서는 안 된다는 점이었습니다. 이 점에서 교황과 베네치아의 권력은 늘 경계의 대상이었습니다. 따라서 다른 세력들은 베네치아를 견제하기 위해 페라라 방어 때처럼 동맹을 맺었고, 로마 귀족들은 교황권을 견제하는 데 이용되었습니다. 로마 귀족은 오르시니와 콜론나 파로 나뉘어 늘 강한 대립 양상을 띠었는데, 이는 그들이 교황 앞에서도 무기를 가지고 다닐 정도로 교황의 권위를 무력화하는 결과를 가져왔습니다. 물론 식스토(*식스토 4세 Sixtus IV를 가리킴) 같은 강한 교황이 나타나기도 했으나 그의 역량이나 상황은 난관을 극복하기에는 역부족이었습니다. 짧은 재위 기간도 문제였는데, 보통 10년인 교황의 재위 기간에 어떠한 세력에 맞서거나 제거하기란 사실상

성 베드로 대성당. 로마 바티칸에서 가장 중요한 기구로, 349년에 콘스탄티누스 황제에 의해 베드로 성인의 묘지 위에 세워졌다. 가톨릭의 상징과도 같은 건축물이다.

교황 식스토 5세|Sixtus V(1585-1590년에 재위).

어렵습니다. 또한, 설사 어느 교황이 콜론나파를 제거했다 하더라도 이후 오르시니파에 적대적인 교황이 즉위하여 콜론나파를 다시 일으키기도 했습니다. 그렇다고 이를 통해 오르시니파가 제거되는 것도 아니었습니다. 그 결과 이탈리아 내에서 교황은 줄곧 힘을 쓰지 못하는 상황이었습니다.

그러나 알렉산데르 6세가 즉위하자 상황은 역전되었습니다. 그는 지금까지의 어떤 교황보다 탁월한 수완을 발휘해 돈과 군사력을 이용해서 많은 것을 이루었습니다. 즉, 프랑스 침입을 기회로 유리한 고지를 확보하고, 자신의 아들인 발렌티노 공작(체사레 보르자)을 이용하여 앞서 공작이 이룬 업적을 모두 만들어 냈습니다. 물론 알렉산데르 6세의 의도는 교권 확대라기보다 발렌티노 공작의 세력 확대에 있었으나, 그가 죽고 공작이 몰락한 후에 교회는 그가 이룬 업적을 바탕으로 엄

교황 비오 3세.

청난 권력을 확보할 수 있었습니다.

이후 등장한 율리우스 교황은 교권이 이미 엄청난 힘을 가졌음을 간파했습니다. 당시 교회는 로마냐 지역 전체를 장악했고, 알렉산데르 교황의 강력한 조치에 로마 귀족들도 제압당했기 때문입니다. 율리우스 교황은 이전 교황이 물려준 권력을 점차 확대해 나갔습니다. 우선 볼로냐를 점령하고 베네치아 세력을 제압했으며, 프랑스군을 이탈리아에서 몰아냈습니다. 특히 율리우스의 업적은 교황 개인이 아닌 교권의 확대를 위해 이루어진 것이기에 더욱 높이 평가될 수 있습니다.

율리우스 교황은 또한 오르시니파와 콜론나파의 권력을 무력화시켰는데, 혹시 반란을 꾀하려는 자가 있다 해도 다음의 두 가지 이유로 감히 성공하기 어려웠습니다. 첫째로 교회의 권력이 절대적으로 강했

교황 호노리오 3세Honorius III(1216-1227년에 재위).

고, 둘째로 어느 파벌에도 이들을 이끌 강력한 추기경이 없었습니다. 추기경은 늘 파벌 간 다툼의 원인이 되었는데, 일단 추기경이 한 파벌의 지도자가 되면 분쟁이 일기 시작했습니다. 추기경은 어디서든 파벌을 만들어 권력을 확대하려 했고, 귀족들은 자신의 파벌을 지지할 수밖에 없었습니다. 이처럼 추기경들의 권력에 대한 야심은 귀족 간 알력 싸움의 가장 큰 원인이 되었습니다.

그리하여 교황 레오 10세Leo X(1513-1521년에 재위)는 지금의 강력한 교황권을 가지게 되었습니다. 이전 교황들이 무력으로 교황권을 확대했듯 레오 10세 역시 타고난 선량함과 덕성을 통해 교황권이 오랫동안 존경받을 수 있게 노력하시길 바랍니다.

제12장
군대의 종류와 용병

지금까지 군주국의 종류에 대해 논의했으며, 그 번영과 쇠퇴에 관해서도 서술했습니다. 또한 많은 이들이 군주국을 획득하고 유지하기 위해 사용한 방법들도 살펴보았습니다.

지금부터는 앞서 언급한 모든 군주국이 활용할 수 있는 일반적인 공격 및 방어 방법을 논의하고자 합니다. 군주가 강력한 권력 기반을 마련하는 것이 얼마나 중요한지에 대해서는 이미 강조한 바 있습니다. 여기서 말하는 권력 기반이란 좋은 법과 좋은 군대를 말합니다. 좋은 군대가 없으면 좋은 법도 없으며, 좋은 군대가 있는 곳에는 늘 좋은 법

〈다비드〉. 미켈란젤로의 작품으로, 메디치 가문이 소장하고 있었다.

이 따릅니다. 그중에서 저는 우선 군대에 대해 논하려고 합니다.

군주가 국가 방어에 사용하는 무력에는 자신의 군대 혹은 용병, 외국의 원군, 혹은 이 세 가지가 모두 혼합된 혼성군이 있습니다. 이 가운데 용병과 원군은 위험합니다. 용병에 의존해서 영토를 조정할 경우 절대로 자신의 국가를 안정적으로 통치하기 어렵습니다. 용병은 분열되어 있어 화합하기 어려울 뿐만이 아니라 기강이 문란하고 충성심이 약합니다. 그들은 서로 뭉쳐 있을 때는 강해 보이나 자신들보다 강력한 적과 맞서면 금방 약하고 비겁해집니다. 또한 신을 믿지 않고 사람들과의 약속도 중요하게 생각하지 않습니다. 이 경우 군주의 파멸은 시간문제입니다. 다시 말해 군주는 전시에 적군에게 시달리듯 평소에도 용병들에게 시달리기 마련입니다. 용병들은 군주에 대해 어떠한 충성심도 없으며 비록 적지만 대가로 받는 보수 외에는 군주를 위해서 전쟁에 나가 생명을 걸고 싸울 다른 어떤 이유도 없기 때문입니다. 군주가 전쟁을 하지 않는 한 그들은 기꺼이 군주에게 봉사하지만 막상 전쟁이 일어나면 도망가거나 탈영할 것이 뻔합니다. 실제로 이탈리아가 최근에 겪은 시련은 다른 어떤 이유보다도 그토록 오랜 시간 동안 용병에 의존한 데서 비롯되었습니다. 그 때문에, 이 점을 주장하는 데는 많은 논거가 필요하지 않습니다. 물론 용병 중 일부는 무기력하지 않았으며 다른 용병들과 싸울 때 용맹을 떨치기도 했습니다. 그러나 외국군의 침입이 시작되었을 때, 한꺼번에 그들의 진면목이 드러났습니다. 그리하여 프랑스의 샤를 왕은 이탈리아를 백묵 하나로 점령할 수 있었습니다(*샤를 8세가 1494년 이탈리아에 침입했을 때 별다른 저항이 없어 백묵으로 병사들이 숙박할 집을 표시하는 것으로 충분했다는

〈브레다의 항복〉. 바로크를 대표하는 스페인 화가 벨라스케스Velázquez의 명작 중 하나로 일컬어진다.

조토 디 본도네Giotto di Bondone의 그림. 13세기 말부터 14세기 초에 걸쳐 피렌체 지역에서 활동한 그는 자신의
이름을 기록한 최초의 화가로 기억된다.

이야기가 전해짐). 우리가 우리의 죄악으로 이러한 사태에 처하게 되었다고 말한 사람은 진리를 말한 셈입니다. 문제는 그가 믿은 죄악이 아니라 제가 적시한 죄악입니다. 그리고 이는 군주들의 죄악이었기 때문에 그들 역시 자신들의 죄악의 결과로 처벌받았습니다.

저는 이런 종류의 군대에 내포된 결함을 보다 명확하게 보여 주고 싶습니다. 용병대장들은 매우 유능한 인물이기도 하지만 그렇지 못한 인물이기도 합니다. 만약 그들이 유능한 인물이라면 군주는 그들을 신뢰해서는 안 됩니다. 그들은 항상 자신을 고용한 군주를 공격하거나 군주의 의사에 반해 다른 자들을 공격함으로써 오직 자신만의 권력을 열망하기 때문입니다. 반대로 그들이 평범한 인물이라면, 그들을 고용한 군주는 당연히 몰락의 길을 갈 것입니다.

무력을 자기 마음대로 행사할 수 있는 사람은 누구나 이런 식으로 행동하기 마련이라는 이유로 반론을 제기한다면, 저는 우선 무력이란 군주나 공화국에 의해 사용된다는 구분에 근거하여 대꾸하겠습니다. 전자의 경우 군주는 최고 통수권자로서 친히 군대를 통솔해야 합니다. 만약 파견된 자가 유능하지 못한 것으로 판명되면 교체해야 합니다. 파견된 장군이 유능하면, 그가 월권하지 않도록 법적인 통제 수단을 확보해야 합니다. 경험에 따르면 자기 군대를 보유한 군주와 공화국만이 성공할 수 있으며, 용병은 무엇도 성취하지 못하고 오히려 해만 끼칠 뿐입니다. 일개 시민이 권력을 탈취하는 것은 외국 군대에 의존하는 공화국보다 군대를 보유한 공화국에서 더 어려운 법입니다.

수 세기 동안 로마와 스파르타는 자력으로 무력을 갖추고 독립을 유지했습니다. 오늘날에는 스위스가 적절한 군비軍備를 갖추고 있으

〈루첼라이 성모〉. 두초 디 부오닌세냐Duccio di Buoninsegna의 작품으로, 루첼라이 예배당에 있어 이와 같은 이름
이 붙었다.

1123년경 스페인에서 제작된 《다윗과 골리앗》 벽화.

며 완전한 독립을 유지하고 있습니다. 고대의 용병제로 언급할 가치가 있는 사례를 카르타고Carthago에서 발견할 수 있습니다. 카르타고인들은 로마와 벌인 첫 번째 전쟁이 끝난 후 용병대장들이 본국인이었음에도 자신들이 고용한 용병들의 공격을 받아 거의 정복당할 뻔했습니다. 비슷한 사례로 에파미논다스가 죽은 후 테베인들은 마케도니아의 필리포스를 자신들의 군대 장군으로 삼았는데, 필리포스는 전쟁에서 승리하자 테베인들의 자유를 박탈했습니다. 또, 밀라노인들은 필리포 마리아 비스콘티Filippo Maria Visconti(1392-1447) 공작이 죽은 후 프란체스코 스포르차를 장군으로 고용하여 베네치아에 대항했습니다. 그러나 스포르차는 카라바조Caravaggio에서 베네치아인들을 격파한 후 그들과 연합하여 자신을 고용한 밀라노인들을 공격했습니다. 나폴리의 조반나Joanna 여왕에게 장군으로 고용된 스포르차의 부친은 돌연 그녀의

페르난도 2세. 카스티야의 여왕 이사벨 1세Isabel I(1451-1504)와 결혼한 그는 실질적으로 통일된 스페인의 첫 번째 왕이 되었다. 부부는 카스티야, 아라곤, 시칠리아, 나폴리 등을 통치했다.

166

무력권을 박탈했고, 그 결과 여왕은 자신의 왕국을 지키기 위해 아라곤 왕에게 도움을 청해야만 했습니다.

베네치아인들과 피렌체인들은 용병을 고용해 영토를 확장했지만 그 용병대장들은 고용주의 권력을 탈취하지 않고 영토를 방어해 주었습니다. 따라서 이 문제에 관한 한 피렌체는 매우 운이 좋았다는 게 저의 소견입니다. 위협이 될 뻔했던 유능한 장군 중 일부는 승리를 거두지 못했고, 다른 일부는 저항에 부딪혔으며, 또 다른 일부는 야심을 이루기 위해 다른 곳으로 갔기 때문입니다.

승리를 거두지 못한 장군은 존 호크우드Sir. John Hawkwood(1323-1394)인데, 그의 충성심은 그가 승리를 거두지 못했기 때문에 확인할 수 없었습니다. 그러나 사람들은 그가 성공했더라면 피렌체를 장악했을 것이라는 데 의견을 함께합니다. 스포르차 집안 출신들은 항상 브라체스키Bracceschi의 군대와 경쟁 관계였기 때문에 두 파벌은 서로 견제했습니다. 프란체스코는 자신의 야심을 충족시키기 위해 롬바르디아로 갔으며, 브라체스키는 교회와 나폴리 왕국에 적대적이었습니다.

좀 더 근래의 사건으로 눈을 돌려 보겠습니다. 피렌체인들은 파올로 비텔리를 장군으로 고용했는데, 그는 매우 유능하여 처음에는 단지 일개 시민의 신분이었으나 나중에 매우 높은 명성을 얻었습니다. 만약 그가 피사를 점령했더라면 피렌체인들이 계속해서 그를 그 자리에 고용할 수밖에 없었을 것이라는 데 누구도 이의를 제기하지 못할 겁니다. 그가 피렌체의 적군에게 장군으로 임명되기라도 했더라면 피렌체인들은 달리 방어할 수단이 없어 궁지에 몰렸을 것이기 때문입니다. 그러나 만약 피렌체인들이 계속 그를 고용했더라면 비텔리는 결국 피

렌체인들 위에 군림하는 막강한 지위에 올랐으리라 생각합니다.

베네치아인들의 발전사를 보더라도 그들이 자신들의 군대로, 즉 귀족과 무장한 시민이 아주 능숙하고 용맹스럽게 전쟁에 임했을 때 나라가 안전했고 영광을 누렸습니다. 그런데 본토에서 전쟁이 일어나자 그들은 용맹을 포기하고 이탈리아의 전쟁 관습을 따르기 시작했습니다. 처음으로 내륙의 영토를 확장하기 시작했을 때 그들은 용병대장을 두려워할 이유가 없었습니다. 당시에는 병합된 영토가 많지 않았고 베네치아인들의 명성이 아주 높았기 때문입니다. 그러나 그들이 카르마뇰라 백작(*프란체스코 부소네 Francesco Bussone를 가리킴)의 통솔로 영토를 확장하면서 그들의 과오는 명백해졌습니다. 그들은 카르마뇰라가 매우 유능하다는 사실을 알게 되었지만, 동시에 그가 전쟁을 마지못해서 수행하고 있다는 점도 깨달았습니다. 그들은 계속 카르

미켈란젤로는 메디치 가문 무덤의 설계와 장식에 참여했고, 〈낮〉, 〈밤〉, 〈새벽〉, 〈황혼〉이라는 네 개의 유명한 조각을 만들었다. 이 작품은 〈낮〉이다.

마뇰라를 고용해서는 전쟁에 승리할 수 없다고 판단했지만, 병합된 영토를 잃을 각오를 하지 않는 한 그를 해고할 수도 없었습니다. 그래서 베네치아인들은 자신들을 보호하기 위해 그를 살해할 수밖에 없었습니다.

그 후 베네치아인들은 용병대장으로 바르톨로메오다 베르가모, 로베르토 다 산 세베리노, 피티글리아노 백작 등을 기용했습니다. 이때 베네치아인들은 이들이 승리한 다음에 생길 위험이 아니라 그들이 패배할 것을 우려했습니다. 이러한 우려는 실제로 나중에 바일라 전투에서 현실이 되었습니다. 그들은 단 한 번의 전투로 800여 년 동안 심혈을 기울여 얻은 것을 한번에 잃고 말았습니다. 이처럼 용병 기용은 결과적으로 완만하고 느린 사소한 이익이 있는 반면에 돌발적이고 놀라

미켈란젤로가 작업한 메디치 가문 무덤 연작 중 《밤》(왼쪽)과 《새벽》(오른쪽).

운 손해를 가져오기 마련입니다.

 이런 사례들은 오랫동안 용병들에게 좌지우지되었던 이탈리아에서 가져온 것들이기에 저는 이 용병들에 관해 보다 상세히 검토하고 싶습니다. 용병의 발생과 발전을 검토하면 해결책을 구하기 쉽기 때문입니다. 그렇다면 어떻게 해서 근래에 황제의 권력이 이탈리아에서 그 토대를 잃었고 교황의 세속 권력이 강화되었는가, 그리고 어떻게 해서 이탈리아가 여러 국가로 분열되었는가를 알아야 합니다. 많은 대도시가 자신들을 억압하던 귀족에 대항하여 무기를 들고 일어났고 교회 역시 세속 권력을 확대하기 위해 이러한 반란들을 조장했기 때문입니다. 이와 더불어 많은 다른 도시에서 시민들이 군주의 지위에 올랐습니다. 주로 교회와 몇몇 공화국이 이탈리아를 지배하게 됨에 따라 성직자와

군무 경험이 없는 시민 지배자들은 외부인을 고용하여 전투를 치르기 시작했습니다.

로마냐 사람 알베리코 다 바르비아노, 즉 쿠니오Cunio 백작은 용병부대의 중요성을 최초로 널리 알렸습니다. 그 후 다른 용병들이 등장했는데, 그중에는 당대에 이탈리아를 지배했던 브라초와 스포르차의 용병이 대표적입니다. 그들의 뒤를 이어 오늘에 이르기까지 용병을 지휘하는 다른 많은 장군이 등장했습니다. 그들이 혁혁한 무훈을 세운 결과, 이탈리아는 프랑스 샤를 왕에게 공략당하고 루이 왕에게 약탈당했으며 스페인 페르난도 왕에게 유린당하고 스위스인들에게 수모를 당했습니다.

우선 용병대장들이 자신의 명성을 드높이려고 보병을 등한시하는

『군주론』의 저자 니콜로 마키아벨리. 정치는 도덕으로부터 구별된 고유의 영역임을 주장하는 '마키아벨리즘'을
제창하여 근대적 정치관을 개척했다.

<성모 마리아와 아기 예수>. 메디치 가문이 소장했던 작품 중 하나다.

일이 일어났습니다. 그들은 자신들의 국가가 없고 어딘가에 고용되어야 먹고살 수 있는데, 소수의 보병으로는 명성을 높이는 데 도움이 되지 않고 그렇다고 해서 대규모 보병을 유지할 수도 없었기에 보병을 소홀히 한 것입니다. 그런 이유로 용병들은 일정한 수입을 유지하고 명성을 얻는 데 적당한 만큼의 기병을 거느렸습니다. 그 결과 2만 명 규모의 군대에서 보병이 고작 2천 명 정도에 불과한 사태에 이르렀습니다. 게다가 그들은 가능한 한 모든 수단을 동원해 자신이나 병사들의 고통과 위험을 덜려고 했고 전투에서 서로 죽이는 일도 별로 없었습니다. 대신 상대방을 포로로 생포했는데, 전투 후 몸값을 요구하지 않고 풀어 주었습니다. 또 야간에는 요새화된 도시를 공격하지 않았고, 도시를 방어하는 쪽도 포위군을 공격하는 것을 주저했습니다. 야영할 때도 그들은 방책이나 외호外護로 주위를 방어하지 않았고 겨울

루이 11세Louis XI. 발루아 왕조의 6번째 왕으로, 잔존하던 봉건주의적 질서에서 완전히 벗어나 왕권을 중심으로 강력하게 통합된 프랑스 왕국을 구축했다.

에는 전투를 하지 않았습니다. 이 모든 관행은 제가 말한 것처럼 서로 고통과 위험을 피하기 위해 군대의 규율로 허용되고 채택되었습니다. 이러한 그들의 활동 결과로 이탈리아는 노예화되고 수모를 겪게 되었습니다.

제13장
원군, 혼성군,
자국군

원군援軍이란 외부의 강력한 통치자에게 도움을 요청했을 때 이쪽을 돕고 지켜 주기 위해서 파견된 군대입니다. 이 또한 용병처럼 무익한 군대라고 할 수 있습니다. 최근에 교황 율리우스가 원군을 이용한 적이 있습니다. 교황의 용병 부대가 페라라 전투에서 별 성과를 거두지 못하자 스페인의 페르난도 2세에게 자신을 도울 군대를 파견하게 한 것입니다. 이러한 원군은 자체로는 유능하고 효과적이지만 원군에 의지하는 자는 거의 항상 유해한 결과를 초래합니다. 그들이 패배하면 함께 몰락하고, 그들이 승리하면 그들의 처분에 따르게

기도 중인 앙리 2세Henri II(1519-1559)와 그의 부인 카트린 드 메디시스Catherine de Médicis(1519-1589, 본명은 카트린 데 메디치).

되는 상황에 처하기 때문입니다.

고대 역사에서도 이러한 사례를 충분히 발견할 수 있지만 저는 근래에 일어난 교황 율리우스 2세의 사례를 논의하고 싶습니다. 교황의 결정은 너무나 성급했다고 평가할 수밖에 없습니다. 페라라를 얻기 위해서 외국 군주의 수중에 자신을 완전히 내맡기다니, 이것은 절대로 있을 수 없는 일입니다. 그러나 율리우스 교황은 운이 좋아 잘못된 정책으로 초래되는 참혹한 결과를 감수하지 않아도 되었습니다. 왜냐하면, 그가 요청한 원군이 라벤나에서 패주했을 때 마침 스위스군이 도착하여 승자를 몰아내어 교황은 적들의 수중에 넘어가지 않았고, 더욱이 승리를 거둔 쪽은 원군이 아닌 다른 군대였으므로 원군의 처분에 내맡겨지는 상황에 처하지도 않았기 때문입니다. 한편, 피렌체는 무력

콜럼버스가 페르난도 2세와 이사벨 1세 부부에게 지원을 간청하는 모습.

〈**롤랑의 노래**〉. 루브르 박물관에서 소장 중인 이 작품은 전쟁에서 싸우는 영웅의 말로를 생생하게 묘사했다.

을 전혀 갖추지 못했기 때문에 피사를 정복하기 위해 프랑스 병력 1만 명을 끌어들였습니다. 이 정책으로 피렌체는 자국의 시련의 역사에서 어느 때보다 심각한 위기를 맞이했습니다. 마찬가지로 콘스탄티노플의 황제는 동족과 싸우기 위해 투르크 병력 1만 명을 그리스로 불렀는데, 투르크군은 전쟁이 끝나고도 돌아가려고 하지 않았고 이를 발단으로 그리스는 이교도의 지배하에 들어가게 되었습니다.

따라서 승리를 원하지 않는다면 원군을 이용해도 좋습니다. 원군은 용병보다 훨씬 위험하기 때문입니다. 원군을 이용하면 확실하게 파멸에 이를 수 있습니다. 물론 원군은 일사불란한 군대이며 다른 사람에게 복종하는 데 익숙하다는 장점이 있습니다. 그런 한편, 용병은 승리하더라도 군주를 해칠 수 있는 지위에 이르기까지 더 많은 시간과 더

라파엘로가 그린 《프란체스코 마리아 델라 로베레의 초상》. 프란체스코 마리아 델라 로베레는 우르비노 공작으로 지명된 인물로, 이 그림이 그려질 당시 15세 정도였다. 피렌체 우피치 미술관에 있다.

많은 기회가 필요합니다. 용병은 군주가 고용하고 보수를 주기 때문에 하나의 단일체를 형성하지 못합니다. 그리고 군주가 용병의 장군으로 임명한 제3의 외부인은 곧바로 군주를 해칠 정도의 권위를 구축하지 못합니다. 즉, 용병은 비겁한 면과 전투를 기피하는 태도가 위험하며, 원군은 그 능숙함과 용맹함이 오히려 위험하다고 할 수 있습니다.

그러므로 현명한 군주는 항상 이런 군대를 이용하는 것을 피하고 자신의 군대를 양성합니다. 그들은 외국의 군대를 이용하여 정복하기보다는 차라리 자신의 군대로 싸워 패배하는 쪽을 택합니다. 외국 군대를 이용하여 얻은 승리는 진정한 승리로 평가하지 않기 때문입니다.

이 점에 관해서 저는 주저 없이 체사레 보르자와 그의 행적을 인용하고 싶습니다. 공작은 원군을 이용하여 로마냐 지방을 침공했고, 그들과 더불어 이몰라와 포를리를 점령했습니다. 그러나 그는 원군을 불신했기 때문에 이후로는 용병을 이용했습니다. 용병이 덜 위험하다고 생각해 오르시니파와 비텔리파의 용병에 의존한 것입니다. 그러나 뒤늦게 그 가치나 충성심을 의심하여 위험하다고 판단하고 용병을 해체한 후 자신의 사람들로 군대를 편성했습니다. 세 종류의 군대 차이는 공작이 단지 프랑스 군대만 이용했을 때와 오르시니파와 비텔리파의 군대를 이용했을 때, 그리고 자신의 군대를 키워서 군사적으로 자립했을 때 그가 누린 명성을 각각 비교하면 명백해집니다. 그가 자신의 군대를 명실상부하게 장악한 것을 만인이 보았을 때 공작은 더 위대해졌으며 어느 때보다 존경받았습니다.

이탈리아의 사례도 아니고 최근의 사례도 아니기에 인용하는 것이 주저되지만, 시라쿠사의 히에론은 이미 언급한 적이 있으므로 그의 이

〈골리앗의 머리를 든 다윗〉. 수집가이자, 화가 카라바조Caravaggio를 추앙하던 추기경 보르게세Scipio Borghese 의 유산이다. 사람들은 카라바조가 이 작품을 제작한 확실한 시기를 알지 못한다. 일련의 학자들은 카라바조가 1606년에 추기경과의 약속을 지키기 위해 로마의 거처에서 그림을 그렸다고 추측한다.

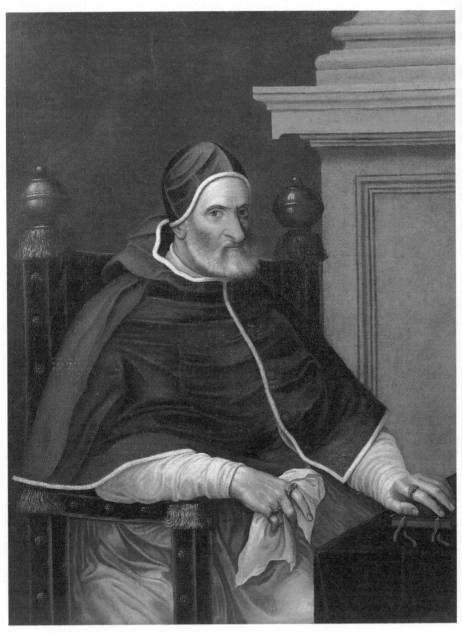

비오 4세 Pius IV(1559-1565년에 재위).

야기를 해야겠습니다. 앞서 이야기했듯 시라쿠사인들이 용병 부대의 장군으로 히에론을 임명했을 때, 히에론은 곧 그 용병 부대가 쓸모없는 존재라는 사실을 깨달았습니다. 대장들이 우리 이탈리아의 용병대장들과 같았기 때문입니다. 그는 계속해서 그들을 이용할 수도 없고 그렇다고 해체할 수도 없다고 생각했기에 그들을 모두 참살했습니다. 그 후 히에론은 외국 군대가 아닌 자신의 군대로 전쟁을 수행했습니다.

저는 또한 구약에 나오는 한 인물을 적절한 사례로 상기시키고자 합니다. 다윗이 사울에게 가서 팔레스타인의 용사인 골리앗과 싸우겠다고 했을 때, 사울은 용기를 북돋우기 위해 다윗에게 자신의 무기와 갑옷을 주었습니다. 그러나 그 갑옷을 입어 본 다윗은 그것을 입고는 자신의 능력을 잘 발휘해 싸울 수 없기 때문에 단지 자신의 투석기와 단검으로 적과 대결하겠다고 말하며 이를 사양했습니다. 요컨대, 타인의 무기와 갑옷은 자신의 힘을 떨어뜨리거나 몸을 압박하거나 아니면 움직임을 제약할 뿐입니다.

프랑스의 샤를 7세Charles VII(1403-1461)는 행운과 자신의 역량으로 프랑스를 영국에서 해방시킨 후 자국 군대로 국가를 방어해야 할 필요성을 절감하고 기병과 보병으로 구성된 군제를 도입했습니다. 그의 아들 루이 11세Louis XI(1423-1483)는 나중에 보병을 폐지하고 스위스군을 용병으로 고용하기 시작했습니다. 이 엄청난 실수는 다른 실수들과 결부되어 프랑스 왕국을 현재와 같은 위기 상황으로 몰아넣었습니다. 스위스군의 지위를 강화함으로써 결과적으로 나머지 다른 군대의 사기를 저하시킨 것입니다. 그가 보병을 해체하고 그의 기병이 외국 군대에 의존하게끔 했기 때문에 왕의 기병은 스위스군 보병과 연합하여

싸우는 데 익숙해져 스위스군보다 열등한 지위에 놓이게 되었고, 결국 스위스군이 없는 프랑스군은 적에게 약한 군대로 인식되었습니다. 이처럼 프랑스군은 일부는 용병, 일부는 자국 군대로 구성된 혼성군의 성격을 가지고 있었습니다. 그러한 혼성군은 순수한 원군이나 용병보다 훨씬 낫지만, 순수한 자국 군대에는 비할 바가 못 됩니다. 이 주장의 근거에 대해서는 위의 사례로 충분하다고 생각합니다. 샤를 7세가 만들어 놓은 군제가 발전했거나 적어도 그대로 유지되었더라면 프랑스 왕국은 무적이 되었을 것이기 때문입니다.

그러나 인간이란 신중함이 부족해 제가 앞에서 소모성 열병을 두고 말한 것처럼 겉으로 매력적으로 보이는 정책이라도 그 속에 독성이 숨겨져 있을 수 있다는 사실을 모른 채 곧바로 시행하기도 합니다. 그러므로 일찍이 초기 단계에 독성을 간파하지 못하는 군주는 현명하다고 할 수 없습니다. 초기에 독성을 파악하는 능력은 단지 소수에게만 주어집니다. 로마 제국이 쇠퇴하게 된 단초를 찾고자 한다면, 고트

샤를 7세. 1422년에 왕으로 즉위할 당시 프랑스는 백년전쟁 중이었다. 당시 수도 파리를 비롯한 북부 프랑스는 모두 영국이 장악하고 있었다. 하지만 1429년 갑자기 등장한 잔 다르크Jeanne d'Arc는 샤를 7세를 비롯하여 프랑스군의 사기를 높여 전세를 뒤바꿔 놓았다. 이를 발판으로 샤를 7세는 프랑스 왕국의 영토를 전부 되찾을 수 있었다. 이후 강력한 왕권을 구축해 나갔다.

잔 다르크 조각상.

스테인드글라스로 만들어진 잔 다르크. 프랑스에서 잔 다르크의 인기는 어마어마하다. 샤를 7세가 그녀를 질투했다는 이야기는 너무나 유명하다.

〈호라티우스의 맹세〉. 프랑스 화가 자크 루이 다비드가 그렸다. 고대 로마 시대에 로마인과 이웃 나라의 알바인 사이에 싸움이 벌어졌는데, 사실 양쪽 사람들은 혼인 관계로 맺어진 사이였다. 이 전쟁에서 호라티우스 형제는 적과 격투를 벌일 용사로 선발되었다.

족Goths을 용병으로 이용하기 시작하면서 쇠퇴가 비롯되었음을 알게 될 것입니다. 그 정책은 로마 제국의 모든 활력을 고트족이 흡수하게 해 로마 제국의 힘의 원천을 고갈시키기 시작했기 때문입니다.

따라서 저는 어떤 군주국이든 자신의 군대를 가지지 못하면 안전할 수 없다고 결론짓겠습니다. 그러한 군주국은 위기 시에 자신을 방어할 역량이 없기 때문에 전적으로 운명에 의존해야 합니다. 현명한 사람들은 항상 "자신의 무력에 근거하지 않는 권력의 명성처럼 취약하고 불안정한 것은 없다"는 격언을 마음에 깊이 새깁니다. 자신의 무력이란 자국의 신민 또는 시민, 아니면 자신의 부하들로 구성된 군대를 말하며, 그 밖의 다른 모든 것은 용병이나 원군입니다. 자신의 무력을 조직하는 올바른 방법은 제가 위에서 인용한 네 사람이 사용하는 방법을 검토하고 알렉산드로스 대왕의 부친인 필리포스 2세Philippos II를 비롯한 다른 많은 군주와 공화국이 자신의 국가를 무장하고 조직한 방법을 이해하면 쉽게 알 수 있습니다. 저는 그들이 사용한 방법을 적극적으로 옹호하는 바입니다.

제14장
군주의 군사 업무에
대한 자세

군주는 전쟁, 전술 및 훈련을 제외하고 그 밖의 다른
어떤 일이든 목표로 삼거나 관심을 기울여서는 안 되며 몰두해서도 안
됩니다. 그러한 것이야말로 통치하는 자에게 적합하기 때문입니다. 이
러한 역량은 세습 군주의 지위를 보존하게 해 주는 것은 물론 종종 일
개 시민을 군주로 만들 만큼 효과적입니다. 반면에 군주가 군사 업무
보다 안락한 삶에 더 몰두하면 권력을 잃게 됨이 명백합니다. 국가와
권력을 지킬 수 있는 무기는 바로 군사력이기 때문입니다. 프란체스코
스포르차는 군사력이 있었기 때문에 일개 시민에서 밀라노의 군주가

〈십자군의 콘스탄티노플 함락〉. 시대를 막론하고 전쟁은 항상 잔인하다. 이 작품은 1204년 4월 12일 서양의 정복자 십자군의 잔학한 행위를 묘사한다.

되었습니다. 하지만 그의 자손들은 이 점을 소홀히 했기에 군주의 지위에서 시민의 지위로 전락하고 말았습니다.

무력을 제대로 갖추지 않으면 경멸받게 되는데, 나중에 설명하겠지만 이는 모름지기 현명한 군주라면 경계해야 할 수치스러운 일 중 하나입니다. 무력이 있는 자와 없는 자 사이에는 엄청난 격차가 존재합니다. 무력이 있는 자가 없는 자에게 기꺼이 복종하기를 기대하는 것은 사리에 맞지 않습니다. 또 무력이 없는 군주가 무력을 갖춘 부하들 사이에서 안전하기를 기대할 수는 없습니다. 후자는 경멸할 것이고 전자는 의심을 품고 두려워하기 때문에 양자가 서로 협력하여 일을 잘

터키 이스탄불에 있는 성 소피아 대성당. 메흐메트 2세의 콘스탄티노플 침공으로 1452년부터 이슬람교 사원이 되었다.

해 나가기란 불가능합니다. 따라서 이미 언급한 다른 불리한 점 외에도, 군무에 정통하지 않은 군주는 자신의 병사들에게 존경받지 못하며 군주 역시 그들을 신뢰할 수 없습니다.

이런 이유로 군주는 항상 군무에 관심을 기울여야 하며 평화 시에도 전시보다 많은 관심을 쏟아야 합니다. 이를 실천하는 데는 두 가지 방법이 있는데, 하나는 훈련이고 다른 하나는 연구입니다. 훈련에 관해서 말하자면, 군주는 군대의 기강을 잡고 병사를 잘 훈련하는 일 외에도 평소에 자주 사냥에 몰두해 신체를 단련해 고난에 익숙해지도록 하는 동시에 자연 지형을 익혀야 합니다. 즉 강과 늪의 특징은 물론이고 산은 어떻게 솟아 있고 골짜기는 어떻게 전개되며 평야는 어떻게 펼쳐졌는가에 주의를 기울여야 합니다. 군주는 이러한 사안들에 많은 관심을 기울여야 합니다.

이와 같은 실제적인 지식은 두 가지 면에서 가치가 있습니다. 첫째로 자국의 지형을 잘 알게 되어 국방에 도움이 되고, 둘째로 지리에 밝게 되어 처음 접하는 지방의 새로운 지형의 특징도 용이하게 파악할 수 있게 됩니다. 예컨대 토스카나에 있는 언덕, 골짜기, 평야, 강, 늪은

〈빈사의 갈리아인〉. 갈리아에 대한 승리를 기념하기 위해 세워진 조각상의 일부로 추정된다. 원래는 헬레니즘 시대에 청동으로 제작되었으나 이후 로마 시대에 와서 대리석으로 복제했다. 옆구리에 중상을 입은 갈리아인이 전쟁으로 인한 죽음에 직면해 원통해하며 쓰러지는 모습을 표현하고 있다. 로마 카피톨리노 미술관에서 소장하고 있다.

다른 지역에서 발견되는 그러한 지형들과 많은 점에서 비슷하기 때문입니다. 즉, 한 지역의 지형을 숙지함으로써 다른 지역의 지형에도 쉽게 익숙해질 수 있습니다. 그러한 전문 지식을 갖추지 못한 군주는 장군의 자질을 갖추지 못한 것입니다. 군주는 그러한 지식을 전쟁에 유리한 방법으로 활용함으로써 적을 추적하고, 적절한 야영 장소를 물색하며, 군대를 통솔하여 적을 향해 진격하고, 전투를 준비하며, 요새나 요새화된 도시를 포위할 수 있습니다.

역사가들이 아카이아 동맹의 지도자였던 필로포이멘Philopoemen(기원전 253-기원전 183)을 찬양한 이유 중 하나는 그가 평화 시에도 항상 군무를 생각했다는 점 때문입니다. 그는 부하들과 외부에 나갔을

〈3용사〉. 러시아의 화가 빅토르 바스네초프Viktor Vasnetsov의 대표작이다. 전쟁은 여러 나라에 걸쳐 많은 영웅을 탄생시킨다. 이 작품의 주인공들은 러시아 민족에게 전해 오는 전설 속의 영웅이다. 그들은 자신의 한 몸을 바쳐 민족의 정신을 보호했고, 이로써 여러 세대에 걸쳐 칭송받고 있다.

발렌티노 공작 체사레 보르자.

고대 그리스의 저명한 사학가이자 사상가 크세노폰. 아테네의 부유한 가정에서 태어난 그는 철학자 소크라테스의 학생이었으며, 그리스의 군대를 인솔하여 중앙아시아 정벌에 나선 적이 있다.

때도 종종 발을 멈추고 이런 질문을 던졌습니다. "적이 언덕 위에 있고 우리 군대가 여기에 있다면, 누가 유리한 위치에 있는가? 우리가 적절한 진형을 유지하면서 그들을 공격할 수 있는 방도에는 어떤 것이 있는가? 후퇴한다면 우리는 어떻게 후퇴할 수 있는가? 그들이 퇴각한다면 우리는 어떻게 그들을 추격해야 하는가?" 부하들과 같이 다니면서 필로포이멘는 군대가 처할 수 있는 모든 우발적인 상황을 그들에게 이야기했습니다. 그리고 그들의 의견을 귀 기울여 들은 후 자신의 의견을 밝혔으며, 그에 합당한 이유를 제시하면서 자신의 의견을 뒷받침했습니다. 이러한 지속적인 관찰과 토론 덕분에 실제로 군대를 통솔하여 출전했을 때 필로포이멘이 대책을 찾지 못하는 예상 밖의 사태는 절대 일어나지 않았습니다.

지적 훈련을 위해 군주는 역사서를 읽어야 하는데, 특히 위인들의

루이 14세의 궁정 화가였던 샤를 르 브룅Charles Le Brun이 그린 알렉산드로스와 풍요의 신 포로스.

행적을 알기 위해 읽어야 합니다. 그들이 전쟁을 수행한 방법을 터득하고, 실패를 피하고 정복에 성공하기 위해 그들의 승리와 패배의 원인을 고찰하며, 무엇보다 우선 위대한 인물들을 모방해야 합니다. 과거의 위대한 인물들 역시 찬양과 영광의 대상이 될 가치가 있다고 생각되는 그들의 선배를 모방하고자 했습니다. 알렉산드로스 대왕은 아킬레우스를 모방했고, 카이사르Gaius Julius Caesar(기원전 100-기원전 44)는 알렉산드로스를 모방했으며, 스키피오Publius Cornelius Scipio Africanus(기원전 235-기원전 183)는 키루스를 모방했다고 이야기되는 것처럼 항상 선배들의 행적을 자신의 모범으로 삼았습니다.

크세노폰Xenophon(기원전 430년경-기원전 354년경)이 저술한 키루스의 생애를 읽은 사람이라면, 스키피오의 생애와 행적을 고려할 때 그가 크세노폰의 저작에 기록된 대로 키루스를 모방함으로써 영광을 얻는 데 얼마나 큰 도움을 받았는지, 그리고 그의 욕망 절제, 친절함, 예의 바름, 관후함이 얼마나 많이 키루스의 성품을 모방함으로써 얻어진 결과인지 알 것이라 생각합니다.

현명한 군주라면 항상 이와 같이 행동하며, 평화 시에도 절대 나태해지지 않으며, 그러한 활동을 통해 부지런히 자신의 입지를 강화함으로써 역경에 대비합니다. 그 결과 어떤 고난이 와도 그는 운명에 맞설 만반의 태세가 되어 있습니다.

제15장
군주가 사랑받거나
비난받는 원인

이제 군주가 자신의 신민들에게, 그리고 동맹들에게 어떤 식으로 행동해야 마땅한가를 고찰하기로 하겠습니다. 저는 많은 논자論者가 이 주제를 논해 왔음을 잘 알고 있습니다. 제가 말하려는 바가 다른 사람들이 제안한 원칙들과 특히 이 문제에 관해서 크게 다르기 때문에 혹시 제가 건방지다고 생각하시지 않을까 하는 두려운 마음이 앞서기도 합니다. 그러나 저는 이 문제를 이해할 수 있는 사람이라면 누구에게나 유용한 것을 쓰려고 하므로 이론이나 사변보다는 사물의 실제적인 진실에 관심을 기울이는 것이 더 낫다고 생각합니다.

〈사르다나팔로스의 죽음〉. 황궁이 함락되는 순간 아시리아 제1왕조 최후의 왕이 왕비, 궁녀들과 함께 불타 죽었다는 무시무시한 이야기를 표현한 작품이다.

세계적인 지휘자 헤르베르트 폰 카라얀Herbert von
Karajan(1908-1989)의 장례식이 거행되었던 오스
트리아 잘츠부르크 대성당. 과거 서양에서 성당
은 군주들이 숭배하는 장소이자, 심지어 어떤 국
가에서는 군주 권력의 상징이기도 했다.

왜냐하면, 지금까지 많은 사람이 결코 현실 속에 존재한 것으로 알려
지거나 목격된 적이 없는 공화국이나 군주국을 상상해 왔기 때문입니
다. 그러나 "인간이 어떻게 살고 있는가"는 "인간이 어떻게 살아야 하
는가"와 너무나 다릅니다. 따라서 일반적으로 행해지는 것을 행하지
않으면서 마땅히 행해야 하는 것을 행해야 한다고 고집하는 군주는 권
력을 유지하기보다 잃기 쉽습니다. 어떤 상황에서나 선하게 행동할 것
을 고집하는 사람이 선하지 않은 많은 사람에게 둘러싸여 있다면 그의
몰락은 불가피합니다. 결과적으로 권력을 유지하고자 하는 군주는 상
황의 필요에 따라 선하지 않는 법을 배워야만 합니다.

　그러므로 저는 군주에 관한 환상적인 이야기들은 밀쳐 두고 실제로
일어나는 것들을 고려하겠습니다. 사람들을, 특히 군주들을 논할 때
그들은 다음과 같은 성품을 갖추었다고 칭송받거나 비난받게 된다고

〈키오스 섬의 학살〉. 외젠 들라크루아Eugène Delacroix의 작품이다. 1822년에 터키 침략군이 키오스 섬에서 그리스의 무고한 주민을 대량으로 학살한 풍경을 묘사하고 있다.

알렉산드르 3세Aleksandr III 다리. 벨 에포크의 미
학을 전형적으로 보여 주는 이 우아한 다리는 파
리에서 가장 아름다운 다리로 널리 알려져 있다.
러시아 차르의 이름을 따서 지은 것은 프랑스와
러시아의 친교의 의미다.

할 수 있습니다. 즉 어떤 사람은 인심이 후하고, 어떤 사람은 인색하다
는 평을 받습니다. 베푸는 사람과 탐욕스러운 사람, 잔인한 사람과 자
비로운 사람, 신의가 없는 사람과 충직한 사람, 여성적이고 유약한 사
람과 단호하고 기백이 있는 사람, 붙임성이 있는 사람과 오만한 사람,
호색한 사람과 절제하는 사람, 강직한 사람과 교활한 사람, 유연한 사
람과 완고한 사람, 진지한 사람과 경솔한 사람, 경건한 사람과 신앙심
이 없는 사람 등으로 평하는 것도 마찬가지입니다.

군주가 앞서 말한 것 중에서 좋다고 생각되는 성품을 모두 갖추었
다면, 그야말로 가장 칭송받을 만하며 모든 사람이 이를 기꺼이 인정
할 것임을 저는 알고 있습니다. 그러나 이 모두를 갖추기란 현실적으
로 가능하지 않고, 게다가 인간의 상황이란 그러한 성품들을 모두 발
휘하는 미덕의 삶을 용납하지 않습니다. 그러므로 신중한 사람이라면

루이스 도메네크 이 몬타네르Lluis Domenech i Montaner의 걸작인 카탈루냐 음악당.

자신의 권력 기반을 파괴할 정도의 악덕으로 악명을 떨치는 것을 피하고, 정치적으로 위험을 초래하지 않는 악덕이라도 되도록 피하고자 노력해야 할 것입니다. 그렇게 할 수 없다면, 후자의 악덕은 별다른 불안을 느끼지 않고 즐겨도 좋습니다. 그러나 악덕 없이는 권력을 보존하기가 어려운 때에 그 악덕으로 말미암아 악명을 떨치는 것도 개의치 말아야 합니다. 신중하게 모든 것을 고려할 때, 얼핏 보아 미덕으로 보이는 일을 하는 것이 자신의 파멸을 초래하기도 하고 일견 악덕으로 보이는 일을 하는 것이 결과적으로 자신의 안전을 확보하고 번영을 가져오는 경우가 있기 때문입니다.

〈**우르비노 공작 부부의 초상**〉. 1472년 피에로 델라 프란체스카Piero della Francesca가 완성한 작품으로, 우르비노 공작 페데리코 다 몬테페를로와 그의 아내를 그렸다. 사실 공작은 전투로 오른쪽 눈을 다쳐 일부러 왼쪽만 그린 것이다. 당시의 초상화는 군주의 위엄을 표현하는 상징물이었다.

현명한 군주는 자신을 두려운 존재로 만들되 비록 사랑받지는 못하더라도 미움받는 일은 피하도록 해야 합니다. 미움을 받지 않으면서도 두려움을 느끼게 하는 것은 얼마든지 가능하기 때문입니다. 그리고 이는 군주가 시민과 신민들의 재산 및 그들의 부녀자에게 손을 대는 일을 삼가면 항상 성취할 수 있습니다. 만약 누군가의 처형이 필요하더라도 적절한 명분과 명백한 이유가 있을 때로 국한해야 합니다. 그러나 무엇보다도 군주는 타인의 재산에 손을 대서는 안 됩니다. 인간이란 어버이의 죽음은 쉽게 잊어도 재산의 상실은 좀처럼 잊지 못합니다. 게다가 군주가 재산을 몰수할 명분은 항상 있기 마련입니다. 약탈을 일삼는 군주는 항상 타인의 재산을 빼앗을 핑계를 발견할 수 있습니다. 반면에 목숨을 앗을 이유나 핑계는 훨씬 드물고 또 쉽게 사라져 버립니다.

제3부

이상적인
군주와 정치

제16장
관용과 인색함

앞에서 말한 성품 가운데 우선 첫 번째 것을 논한다면, 저는 관후寬厚하다고 여겨지는 쪽이 바람직하기는 하지만 군주가 정말로 관후하다는 평판을 얻을 정도로 너그럽게만 행동한다면 나중에는 군주 자신에게 해가 되리라 생각합니다. 그 덕을 현명하게 활용하고 제대로 행동으로 옮기지 못하면 결코 인정받지 못하며 오히려 반대의 악덕을 행한다는 비난을 면하지 못할 것이기 때문입니다. 또한 군주가 관후하다는 평판을 얻으려고 한다면, 사치스럽고 과시적으로 재물을 쓰게 될 수도 있습니다. 또한 그렇게 함으로써 군주는 불가피

프랑스 왕 루이 15세의 왕비 마리 레슈친스카 (Marie Leszczyńska)

하게 자신의 모든 자원을 호화로운 자기 과시를 위해 소모하게 됩니다. 계속해서 그런 평판을 원한다면 궁극적으로 탐욕스러워지고, 시민에게 무거운 세금을 부과하게 되며, 가능한 모든 수단을 동원하여 시민을 수탈하지 않을 수 없습니다. 그리하여 그 군주는 신민들에게 미움을 받기 시작할 것이며, 또한 궁핍해졌기 때문에 별로 존경을 받지 못하게 됩니다. 군주의 관후함이 많은 사람에게 피해를 주고 단지 소수에게만 이익을 주었기에 군주는 불만의 징조를 느끼며, 권좌에 대한 최초의 진정한 위협이 중대한 시련으로 다가올 것입니다. 이 점을 깨닫고 군주가 처신을 바꾸고자 한다면, 즉각 인색하다는 악평을 듣게 됩니다.

군주는 자신에게 해를 자초하지 않으면서 관후함의 미덕을 행하는 동시에 관후하다는 평판을 얻을 수는 없으므로, 현명한 군주라면 애당초 인색하다는 평판에 신경 쓰지 말아야 합니다. 군주가 검약하여 후에 그를 공격하는 어떠한 적도 방어할 만큼, 그리고 전쟁을 수행하기 위해 시민에게 특별세를 부과하지 않아도 될 만큼 군주의 재정이 충분하다는 점을 사람들이 깨달으면 궁극적으로 군주를 더욱 관후하다고 생각할 것입니다. 그리하여 군주는 대다수 사람에게 관후하게 행동한 셈이 됩니다. 우선 그들의 재산을 건드리지 않았고, 또 그가 아무것도 주지 않은 단지 소수에게만 인색하게 행동했기 때문입니다. 우리 시대에 위대한 업적을 성취한 사람들은 모두 인색하다는 평판을 들었습니다. 그렇지 않은 사람은 실패했습니다. 율리우스 2세는 교황이 되기 위해 관후하다는 평판을 쌓아 갔지만, 교황이 된 이후에는 전쟁을 계획했기에 그러한 평판을 유지하려고 애쓰지 않았습니다. 현재의 프랑

〈솔로몬과 사바 여왕〉. 우아하고 화려한 옷차림의 사바 여왕과 위풍당당한 솔로몬 왕의 모습을 통해 두 사람의 미묘한 관계를 살필 수 있다.

피렌체를 상징하는 산타 마리아 델 피오레 성당. '꽃의 성모 마리아' 성당이라는 뜻이다. 돔 형식으로 두오모라
고 불리며, 피렌체 중심에 위치한다.

222

《나폴레옹의 어머니》. 1804년에 나폴레옹의 어머니가 밑그림을 그린 후 조각가 안토니오 카노바Antonio Canova 가 몇 년에 걸친 각고의 노력 끝에 완성한 대리석 작품이다. 나폴레옹의 어머니는 이 작품을 아들에게 선물로 주었다. 황족의 존귀함과 위엄을 엿볼 수 있다.

스 왕(*루이 12세를 가리킴)은 검약한 생활을 했기 때문에 신민들에게 특별세를 부과하지 않고도 수많은 전쟁을 수행할 추가적인 전비를 항상 충당할 수 있었습니다. 현재의 스페인 왕(*페르난도 2세를 가리킴)이 관후하다는 평판을 누리고 있었더라면, 그는 그토록 많은 전투를 성공적으로 수행할 수 없었을 것입니다.

따라서 군주는 신민들의 재산을 빼앗지 않기 위해서, 자신을 방어하기 위해서, 가난하여 경멸받지 않기 위해서, 그리고 탐욕스러운 사람이 되지 않기 위해서 인색하다는 평판을 듣는 일을 대수롭지 않게 여겨야 합니다. 인색함이야말로 통치를 가능하게 하는 악덕 중 하나이기 때문입니다.

224

카이사르는 넉넉한 씀씀이로 권력을 얻었고, 다른 많은 사람도 씀씀이가 넉넉했으며 또한 그렇다고 생각되었기에 높은 지위에 올라가지 않았느냐는 반론을 제기할 수도 있습니다. 이에 대해서 저는 당신이 이미 지배자가 되었는지, 아니면 지배자가 되려고 노력하는 중인지에 따라 다르다고 답변하겠습니다. 전자라면 넉넉한 씀씀이는 유해하고, 후자라면 씀씀이가 넉넉하다고 여겨지는 것이 분명히 필요합니다. 카이사르는 로마에서 권력을 추구한 인물 중 한 명이었습니다. 그러나 권력을 장악한 다음에 생존할 수 있었다고 하더라도, 자신의 씀씀이를 줄이지 않았다면 권력을 잃었을 것입니다.

매우 관후하다고 생각된 많은 군주가 괄목할 만한 군사적 승리를 거두었다고 반론을 제기할 수도 있습니다. 저는 군주는 그 자신의 또는 신민의 소유물을 쓰거나 아니면 타인의 것을 쓰게 되는데, 전자일 때는 인색하고 후자일 때는 되도록 씀씀이가 넉넉해야 한다고 대답하겠습니다. 전리품, 약탈물, 배상금 등으로 군대를 지탱하는 군주는 타인의 재물을 처분하여 씁니다. 이 경우 군주는 씀씀이가 넉넉해야 합니다. 그렇지 않으면 병사들이 따르지 않을 것이기 때문입니다. 군주는 키루스, 카이사르, 그리고 알렉산드로스가 그랬듯이 자신이나 신민의 것이 아닌 재물로는 아주 후하게 선심을 써도 무방합니다. 타인의 재물을 후하게 주는 일은 평판을 떨어뜨리는 행동이 아니라 오히려 드높이기 때문입니다. 해가 되는 경우는 단지 자신의 재물을 함부로 주는 경우입니다.

관후함처럼 자기 소모적인 것도 없습니다. 그 미덕을 행하면 행할수록 그만큼 그 미덕을 계속 실천할 수 없게 됩니다. 결국에는 빈곤해

《대사들》. 귀족의 특징을 잘 표현한 작품이다. 16세기 독일 르네상스를 대표하는 화가 한스 홀바인Hans Holbein이 그렸다.

져서 경멸받거나, 아니면 빈곤을 피하려는 노력으로 말미암아 탐욕적인 사람이 되고 미움을 받게 됩니다. 군주란 모름지기 경멸당하고 미움받는 일을 경계해야 하는데, 관후함은 이 두 길로 귀결됩니다. 따라서 비난은 받되 미움은 받지 않는 인색하다는 평판을 듣는 쪽이 더 현명한 방책입니다. 이렇게 하는 것이 관후하다는 평판을 듣기 위해서 결국 악평은 물론 미움까지 받고 탐욕스럽다는 평판을 얻게 되는 것보다 낫습니다.

제17장
사랑을 베푸는 것과
두렵게 하는 것 중 우선순위는

앞에서 언급한 다른 성품들로 돌아가, 저는 모든 군
주가 잔인하지 않고 인자하다고 생각되기를 더욱 원해야 한다고 주장
합니다. 그렇지만 자비를 부적절한 방법으로 베풀지 않도록 조심하고
또 경계해야 합니다. 체사레 보르자는 잔인하다고 생각되었지만 그의
엄격한 조치들은 로마냐 지방의 질서를 회복시켰고 그 지역을 통일했
으며 또한 평화롭고 충성스러운 지역으로 만들었습니다. 보르자의 행
동을 잘 생각해 보십시오. 잔인하다는 평판을 듣는 것을 피하려고 피
스토이아가 사분오열되도록 방치한 피렌체인들과 비교할 때, 그가 훨

〈수비대 처형 날 아침〉. 1698년에 러시아의 표트르 대제Pyotr I(1672~1725)가 비밀리에 출국하자 나라 안에 있던 수비대가 반역을 꾀했다. 표트르 대제는 귀국 후 즉시 수비대를 잔혹하게 진압했다. 이 그림은 황궁의 광장에서 반역을 꾀한 수비대를 처형하는 모습을 담았다.

씬 자비롭다고 판단될 만합니다. 따라서 현명한 군주는 신민들의 결속과 충성을 유지할 수 있다면 잔인하다고 비난받는 것을 걱정해서는 안 됩니다. 너무 자비로운 탓에 무질서를 방치해서 그 결과 많은 사람이 죽거나 약탈당하게 하는 군주보다는 소수의 몇몇을 시범적으로 처벌해 기강을 바로잡는 군주가 실제로는 훨씬 자비로운 셈입니다. 전자는 공동체 전체에 해를 끼치는 반면에 군주가 명령한 처형은 단지 특정한 개인들만 해치는 데 불과합니다. 그리고 신생 국가는 위험으로 가득하기 때문에 군주 중에서도 특히 신생 군주는 잔인하다는 평판을 피할 수 없습니다. 베르길리우스Vergilius는 (『아이네이스』에서) 디도의 입을 빌려 다음과 같이 말했습니다.

상황은 가혹하고 내 왕국은 신생 왕국이어서 그런 조치를 했고
국경의 구석구석을 방어했노라.

그렇지만, 군주는 참소를 믿는 사람들에게 적대적인 행동을 취할 때는 신중해야 합니다. 그렇다고 너무 우유부단해도 안 됩니다. 군주는 적절하게 신중하고 자애롭게 행동해야 하며, 지나친 자신감으로 경솔하게 처신하거나 의심이 많아 주위 사람들이 견디기 어려워하는 일이 없도록 해야 합니다.

그런데 사랑을 느끼게 하는 것과 두려움을 느끼게 하는 것 중에서 어느 편이 더 나은가에 대해서는 논쟁이 있었습니다. 저는 사랑도 느끼게 하고 동시에 두려움도 느끼게 하는 편이 바람직하다는 의견입니다. 그러나 동시에 둘 다 얻기란 어려우므로 굳이 둘 중 하나를 포기해

한스 홀바인이 그린 헨리 8세Henry VIII(1491-1547).

쥘 외젠 르네프뵈Jules Eugène Lenepveu가 그린 〈샤를 7세의 대관식〉.

고대 로마 제국의 유적을 그린 풍경화로 세밀화의 영향을 받은 흔적이 보인다.

야 한다면, 저는 사랑을 느끼게 하는 쪽보다는 두려움을 느끼게 하는 쪽이 훨씬 안전하다고 생각합니다.

이것은 인간 일반에 대해서 말해 줍니다. 즉 인간이란 은혜를 모르고 변덕스러우며 위선적인 데다 기만에 능하며 위험을 피하려 하고 이익에 눈이 어둡습니다. 군주가 은혜를 베푸는 동안 사람들은 군주에게 온갖 충성을 바칩니다. 이미 말한 것처럼, 실제로 그럴 필요가 별로 없을 때 사람들은 군주를 위해서 피를 흘리고 자신의 소유물, 생명, 그리고 자기 자신마저도 바칠 것처럼 행동합니다. 그렇지만 정작 군주에게 그러한 것들이 필요할 때면, 그들은 등을 돌립니다. 따라서 전적으로 그들의 약속을 믿고 다른 대책을 소홀히 하는 군주는 몰락을 자초할 뿐입니다. 위대하고 고상한 정신을 통하지 않고 물질적 대가를 주고서 얻은 우정은 소유될 수 없으며, 정작 필요할 때 사용할 수 없습니다.

베르길리우스. 고대 로마의 시인으로 민족 서사시 『아이네이스』의 작가다.

〈코번트리 백작 부인의 초상〉.
옛날 유럽 귀족 부인의 생활 풍
격을 볼 수 있는 작품이다.

　인간은 두려움을 불러일으키는 자보다 사랑을 베푸는 자를 해칠 때
덜 주저합니다. 사랑이란 일종의 감사 관계에 의해서 유지되는데, 인
간은 본성이 악해서 이익을 취할 기회가 생기면 언제든 그 감사의 상
호 관계를 팽개쳐 버리기 때문입니다. 그러나 두려움은 항상 효과적인
처벌에 대한 공포로 유지되며, 실패하는 경우가 결코 없습니다. 현명
한 군주는 자신을 두려운 존재로 만들되 비록 사랑받지는 못하더라도
미움받는 일은 피하도록 해야 합니다. 미움을 받지 않으면서도 두려움
을 느끼게 하는 것은 얼마든지 가능하기 때문입니다. 그리고 이는 군
주가 시민과 신민들의 재산 및 그들의 부녀자에게 손을 대는 일을 삼
가면 항상 성취할 수 있습니다. 만약 누군가의 처형이 필요하더라도
적절한 명분과 명백한 이유가 있을 때로 국한해야 합니다. 그러나 무
엇보다도 군주는 타인의 재산에 손을 대서는 안 됩니다. 인간이란 어

로마 공화국 시대의 정치가이자 장군이었던 퀸투스 파비우스 막시무스.

한니발 반신상.

버이의 죽음은 쉽게 잊어도 재산의 상실은 좀처럼 잊지 못합니다. 게다가 군주가 재산을 몰수할 명분은 항상 있기 마련입니다. 약탈을 일삼는 군주는 항상 타인의 재산을 빼앗을 핑계를 발견할 수 있습니다. 반면에 목숨을 앗을 이유나 핑계는 훨씬 드물고 또 쉽게 사라져 버립니다.

한편으로 군주는 자신의 군대를 통솔하고 많은 병력을 지휘할 때는 잔인하다는 평판쯤은 개의치 말아야 합니다. 군대란 지휘자가 거칠다고 생각되지 않으면 단결을 유지하거나 군사 작전에 적합한 만반의 태세를 갖추지 못하기 마련입니다. 한니발Hannibal의 활약에 관한 설명 중 특히 주목할 만한 사실은 그가 수많은 종족이 뒤섞인 대군을 거느리고 타국의 땅에서 싸웠지만, 상황이 유리하든 불리하든 상관없이 군 내부에서 그들의 지도자에 대해 어떠한 분란도 일어나지 않았다는

〈교수대가 있는 풍경〉. 스페인의 통치에 투쟁하는 네덜란드인들에 대해 피비린내 나는 진압이 이루어졌다. 그러나 네덜란드인들은 결코 포기하지 않았고, 숲에 숨어 적들을 기습 공격했다. 이 작품은 스페인의 통치에 항거하는 정신과 통치자의 잔혹한 진압에 대한 조소를 표현하고 있다.

240

점입니다. 이 사실은 한니발 장군의 많은 훌륭한 역량과 더불어 그의 부하들이 그를 항상 존경하고 두려워하게 한 그의 비인간적인 잔인함에 의해서만 설명될 수 있습니다. 한니발이 그토록 잔인하지 않았다면 그의 다른 역량들도 그러한 성과를 거두는 데 충분하지 않았을 것입니다. 분별없는 저술가들은 이러한 성공적인 행동을 찬양하면서도 한니발 장군이 거둔 성공의 주된 이유를 비난하는 어리석음을 범하고 있습니다.

한니발의 다른 역량들로는 충분하지 못했을 것이라는 저의 논점은 스키피오가 겪은 사태에서 증명됩니다. 스키피오는 당대에는 물론 후대에도 매우 훌륭한 인물로 평가받지만, 그의 군대는 스페인에서 그에게 반란을 일으켰습니다. 유일한 이유는 스키피오가 너무 자비로워서 적절한 군사 기율을 유지하는 데 필요한 것보다 많은 자유를 병사들에게 허용한 점이었습니다. 그러자 퀸투스 파비우스 막시무스Quintus Fabius Maximus(기원전 275-기원전 203)는 원로원에서 스키피오를 탄핵하며 로마 군대를 부패시킨 장본인이라고 비난했습니다. 그리고 로크리Locri 지방이 스키피오가

비오 6세Pius VI(1717-1799). 교황의 재임 기간은 군주들의 절대주의라는 문제로 점철된 기간이었다. 이는 프랑스의 혁명과 계몽주의의 정신으로부터 파생되었다.

오스트리아 빈에 있는 슈테판 대성당 내부. 로마네스크 양식의 풍격이 느껴지는 곳이었으나 후에 전쟁으로 심하게 훼손되었다.

임명한 지방 장관에게 약탈당했을 때, 스키피오는 주민들의 원성을 구제해 주지 않았으며 지방 장관은 자신의 오만함을 처벌받지 않았습니다. 이 전부는 스키피오가 너무 자비로웠기 때문에 벌어진 일입니다. 원로원에서 그를 사면하자고 발언한 인물은 타인의 비행을 처벌하기보다는 스스로 그러한 비행을 저지르지 않는 데 탁월한 사람이 있는데, 스키피오가 바로 그런 유형의 인물이라고 했습니다. 이러한 그의 군대 지휘 방식이 견제를 받지 않고 방임되었더라면, 스키피오의 명성과 영광은 그 자신의 성격으로 말미암아 빛이 바랬을 것입니다. 그러나 스키피오는 원로원의 통제 아래에 있었기 때문에 이처럼 유해한 성품이 적절히 억제되었을 뿐만 아니라 나아가 그의 명성에 기여했습니다.

두려움을 느끼게 하는 것과 사랑을 느끼게 하는 것의 문제로 되돌

슈테판 대성당 외부.

엘리자베스 1세Elizabeth I(1533-1603). 그녀는 헨리 8세의 딸이자 튜더 왕조의 마지막 왕이었다.

아가서, 저는 인간이란 자신의 선택 여하에 따라 사랑을 하지만 또한 군주의 행위 여하에 따라 군주에게 두려움을 느끼므로 현명한 군주라면 타인의 선택보다는 자신의 선택에 더 의존해야 한다고 결론을 내리겠습니다. 다만, 앞에서 말한 것처럼 미움을 받는 일만은 피하도록 해야겠습니다.

제18장
군주는 어떻게
약속을 지켜야 하는가

군주가 신의를 지키며 기만책을 쓰지 않고 정직하게 사는 것이 얼마나 칭송받을 일인지는 누구나 알고 있습니다. 그럼에도, 경험에 따르면 우리 시대에 위대한 업적을 성취한 군주들은 신의를 별로 중시하지 않고 오히려 기만책으로 사람들을 혼란케 하는 데 능숙한 인물이라는 점을 알 수 있습니다. 그들은 신의를 지키는 자들에게 맞서서 결국에는 승리를 거두었습니다.

그렇다면 싸움에는 두 가지 방법이 있음을 알 필요가 있습니다. 하나는 법에 의지하는 방법이고, 다른 하나는 힘에 의지하는 방법입니

비오 7세.

다. 첫째 방법은 인간에게 합당하고 둘째 방법은 짐승에게 합당합니다. 그러나 전자로는 충분하지 않을 때가 많으므로 후자에 의지해야 합니다. 결국 군주는 모름지기 짐승의 방법과 인간의 방법을 모두 이용할 줄 알아야 합니다. 고대의 저술가들은 군주들에게 이 정책을 비유적으로 가르쳤습니다. 그들은 아킬레우스나 고대의 유명한 많은 군주가 반인반수의 케이론에게 양육되었고 그의 훈련으로 교육받았다는 점을 지적했습니다. 반인반수를 스승으로 섬겼다는 것은 군주가 이러한 양면적인 본성의 사용법을 알 필요가 있다는 점을, 그리고 그중 어느 한쪽이 결여되면 그 지위를 오래 보존할 수 없다는 점을 의미합니다.

그렇다면 군주는 짐승의 방법을 잘 이용할 줄 알아야 하는데, 그중에서도 여우와 사자를 모방해야 합니다. 사자는 함정에 빠지기 쉽고 여우는 늑대를 물리칠 수 없기 때문입니다. 따라서 함정을 알아차리기 위해서 여우가 되어야 하고, 늑대를 혼내 주기 위해서 사자가 되어야 합니다. 단순히 사자의 방식에만 의지하는 자는 이 사태를 제대로 이해하지 못합니다. 현명한 군주는 신의를 지키는 것이 자신에게 불리할 때, 그리고 약속을 맺은 이유가 소멸되었을 때는 약속을 지킬 수 없으며 또 지켜서도 안 됩니다. 이 조언은 모든 인간이 선하다면 온당하지 못할 겁니다. 그러나 인간이란 본래 사악하고 당신과 맺은 약속을 지키려고 하지 않으므로 당신 자신이 그들과 맺은 약속에 구속되어서는 안 됩니다.

게다가 군주는 약속을 지키지 못하는 그럴듯한 이유를 항상 둘러댈 수 있습니다. 이 점에 관해서는 근래의 많은 사례를 들 수 있는데, 수

베네치아 산마르코 대성당에 있는 정교한 조각들. 십자군이 콘스탄티노플에서 가져온 전리품이 많이 전시되어 있다.

많은 평화 조약과 약속이 신의 없는 군주들로 인해 파기되고 무효화되었습니다. 여우의 방식을 모방하는 법을 가장 잘 아는 자들이 가장 큰 성공을 거두었습니다. 그러나 여우다운 기질을 위장해서 숨기는 방법을 잘 아는 것이 필요합니다. 다시 말해 능숙한 기만자, 위장자가 되어야 합니다. 또한 인간은 매우 단순하고 눈앞의 필요에 따라서 쉽게 움직이므로 기만자는 쉽게 속는 많은 사람을 항상 발견할 수 있을 것입니다.

저는 최근의 한 사례에 대해 침묵하고 싶지 않습니다. 알렉산데르 6세는 사람들을 어떻게 기만할까에만 관심이 있었는데, 그는 매번 사람들이 쉽게 기만당한다는 것을 알았습니다. 알렉산데르만큼 모든 일을 강력하고 확고하게 약속하면서도 그 약속을 지키지 않은 사람도 없습니다. 그럼에도 그는 세상사의 이러한 측면을 잘 이해했기에 그의 기

250

만은 항상 효과를 거두었습니다.

그러므로 군주는 위에서 언급한 모든 성품을 실제로 갖출 필요는 없지만 갖춘 것처럼 보이는 게 반드시 필요합니다. 심지어 저는 군주가 그러한 성품을 갖추고 늘 실천에 옮기는 것은 해롭고, 그것들을 갖춘 것처럼 보이는 일은 유용하다고까지 감히 장담하겠습니다. 예컨대, 자비롭고 신의가 있으며 인간적이고 정직하고 경건한 것처럼 보이는 것이 좋을 뿐만이 아니라 실제로도 그런 것이 좋습니다. 그러나 달리 행동하는 것이 필요하다면 언제든지 위와 정반대로 행동할 태세가 되어 있어야 하며, 실제로 그렇게 행동할 수 있어야 합니다. 그리고 군주는, 특히 신생 군주는 좋다고 생각되는 방식으로 처신할 수 없음을 분명히 명심해야 합니다. 종종 권력을 유지하기 위해서 신의 없이, 무자비하게, 그리고 비인도적으로 행동하고 종교의 계율을 무시하도록 강요당하기 때문입니다. 따라서 운명의 풍향과 변모하는 상황이 자신을 제약함에 따라 자신의 행동을 그에 맞추어 자유자재로 바꿀 태세가 되어 있어야 하며, 제가 앞에서 말했듯이 되도록 올바른 행동에서 벗어나지 말아야 하겠지만 필요하다면 악행을 저지를 수 있어야 합니다.

군주는 자신의 입에서 나오는 모든 말이 앞에서 이야기한 다섯 가지 성품을 나타내도록 늘 조심해야 합니다. 군주는 대면하는 모든 사람에게 지극히 자비롭고 신의가 있으며 정직하고 인간적이며 경건한 것처럼 보여야 합니다. 그중에서도 특히 경건한 것처럼 보여야 합니다.

이러한 문제에 관해서 사람들은 일반적으로 손으로 만져 보고 판단

〈레카미에 부인〉. 자크 루이 다비드의 그림으로 사교계 명사인 쥘리에트 레카미에를 그렸다. 귀부인의 우아함을 잘 드러낸다.

〈가타멜라타 기마상〉. 도나텔로Donatello가 고전 이상주의를 표현한 대표작 중 하나다. 가타멜라타Gattamelata는 작가와 동시대를 살았던 이탈리아 파도바 시의 용병대장 에라스모 데 나르니Erasmo de Narni의 별칭이다.

하기보다는 눈으로 보고 판단하기 마련입니다. 모든 사람이 군주를 볼 수는 있지만 직접 만져 볼 수 있는 사람은 매우 드물기 때문입니다. 또 모든 사람은 군주가 밖으로 드러낸 외양을 볼 수 있지만 군주가 진실로 어떤 사람인가를 직접 경험해 알 수 있는 사람은 소수에 불과합니다. 그리고 그 소수는 군주의 위엄에 의해서 지지되는 대다수의 견해에 감히 도전하지 못합니다. 모든 인간의 행동에 관해서, 특히 직접 설명을 들을 기회가 없는 군주의 행동에 관해서 보통 사람들은 그저 결과에만 주목합니다.

군주가 전쟁에서 이기고 국가를 보존하면, 그 수단은 모든 사람에게 항상 명예롭고 찬양받을 만한 것으로 판단될 테니까요. 보통 사람들은 외양과 결과에 감명하기 때문입니다. 그리고 세상 사람들은 대다

은으로 만든 동물 모양의 뿔잔. 224년에서 651년
까지 이어진 페르시아 사산Sasan 왕조 시기의 물건
이다.

수가 보통 사람입니다. 대다수와 정부가 하나가 될 때 소수는 고립되
기 마련입니다. 이름을 굳이 밝히지는 않겠지만 우리 시대의 한 군주
(*스페인의 페르난도 2세를 가리킴)는 실상 평화와 신의에 적대적이면
서도 입으로는 항상 이를 부르짖습니다. 하지만 만약 그가 자신의 말
을 그대로 실천에 옮겼다면 자신의 명성이나 권력을 잃었을 것입니다.
그것도 여러 번 잃었을 것입니다.

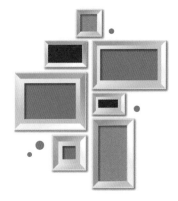

제19장
군주가 경멸과 원망을
피하는 방법

앞에서 언급한 성품 가운데 가장 중요한 것은 이미 논의했으므로 저는 다른 성품들을 다음과 같은 일반적인 주제로 간단히 논하겠습니다. 바로 군주는 앞에서 부분적으로 설명했듯이 미움받거나 경멸당하는 일은 무엇이든 삼가야 한다는 것입니다. 이를 피하면 군주는 자신이 해야 할 바를 행한 것이고, 비난받을 다른 잘못을 저질렀을 때도 자신을 위험 속에 몰아넣지 않을 것입니다.

군주가 미움의 대상이 되는 것은 다른 무엇보다도 제가 앞서 말한 대로 탐욕스러워 신민의 재산과 부녀자를 강탈하는 행동입니다. 이런

샤를 5세Charles V(1338-1380). 그는 정치에 매우 민감한 통치자였다.

라파엘로. 미켈란젤로 등의 다른 예술가와 마찬가지로 메디치 가문을 위해 작품을 만들었다.

짓만은 피해야 합니다. 대다수의 사람은 재산과 명예를 빼앗기지 않으면 대개 만족하며 살기 마련입니다. 따라서 군주는 야심 있는 소수를 잘 다루기만 하면 되는데, 그들은 다양한 방법으로 쉽게 제압할 수 있습니다.

군주가 경멸당하는 것은 변덕이 심하고 경박하며, 여성적이고 소심하며, 우유부단한 인물로 생각되는 경우입니다. 군주는 마치 암초를 피하듯이 경멸당하는 것을 피해야 합니다. 행동에서 위엄, 용기, 진지함, 강경함을 과시해야 하며, 신민들과의 사사로운 관계에서 자신이 내린 결정을 번복하는 일이 없도록 해야 합니다. 군주는 이러한 평판을 유지함으로써 누구도 자신에게 거짓말을 하거나 기만하려고 술책을 꾸밀 엄두를 내지 못하게 막아야 합니다.

자신에 대해서 그러한 이미지를 만드는 데 성공한 군주는 드높은 명성을 누릴 것이며, 그렇게 되면 군주에 대해 음모를 꾸미거나 공격하는 일은 쉽지 않게 됩니다. 군주에게는 두 가지 큰 걱정이 있는데, 하나는 대내적인 일로 신민에 관한 것이며 다른 하나는 대외적인 일로 외세에 관한 것입니다.

외세의 위협에 대해서는 좋은 군대와 믿을 만한 동맹이 효과적인 방어책입니다. 그리고 좋은 군대는 항상 믿을 만한 동맹을 얻게 되는 결과를 가져옵니다. 대외적인 관계가 굳건하게 안정되어 있다면, 대내적인 문제는 그 국가가 이미 음모로 교란되지 않는 한 별다른 곤란이 생기지 않습니다. 설령 대외적인 정세가 불안정하더라도 제가 권고한 대로 일상생활을 영위하고 정무를 처리하며 용기를 잃지 않는다면, 군주는 어떠한 공격이라도 항상 격퇴할 수 있습니다. 앞서 설명한 스파르타의 나비스가 그랬듯이 말입니다.

신민들에 대해서 말씀드리자면, 심지어 대외적인 소란이 없더라도 군주는 그들이 몰래 음모를 꾸미지 않도록 조심해야 합니다. 미움과 경멸을 피하고 시민이 군주에게 만족하게끔 한다면 군주는 이러한 위험에서 자신을 효과적으로 보호할 수 있습니다. 그리고 제가 앞에서 장황하게 이야기한 것처럼 군주는 반드시 이 점을 명심할 필요가 있습니다.

군주가 음모에 대비할 수 있는 최선의 안전책 중 하나는 시민에게 미움을 받지 않는 것입니다. 음모자는 항상 군주의 암살이 시민을 만족시킬 거라 믿고 일을 저지르기 때문입니다. 그러나 자신들의 소행이 시민의 노여움을 불러일으킨다고 생각하면 음모자들은 일을 도모하는 것을 무척 주저하게 됩니다. 음모에는 항상 많은 어려움과 위험이 따르기 때문입니다. 지금까지 많은 음모가 있었지만 경험상 성공한 음모는 별로 많지 않습니다. 음모자는 단독으로 행동할 수 없으며 불평분자들의 도움을 구해야 하기 때문입니다. 그런데 불평분자에게 음모를 털어놓는 것은 그에게 불만을 해소할 기회를 주는 셈입니다. 이제 그는 충분한 보상을 확실히 기대할 수 있습니다. 한편으로는 음모를 폭로하는 데 따른 확실한 이익이 예상되고 다른 한편으로는 음모에 가담하는 것이 수많은 위험과 불확실한 이익만 예상될 때, 그가 음모자의 비밀을 지킨다면 그는 음모자의 둘도 없는 친구이거나 군주와 불구대천의 원수임이 분명합니다. 요컨대 음모자에게는 오직 발각이나 배신에 대한 공포와 끔찍한 처벌의 전망만 있는 반면에 군주는 자신의 지위에 상응하는 위엄, 자신의 뜻대로 할 수 있는 법과 정부의 자원은 물

에르콜레 1세 데스테Ercole I d'Este(1431-1505). 에스테 가문의 일원으로 페라라 공작을 지냈다. 페라라에서 태어
났고, 부친은 니콜로 3세 데스테Niccolò III d'Este 후작이다. 외조부는 살루초Saluzzo 후작 토마스 3세Thomas III다.

볼로냐의 군주였던 안니발레 1세 벤티볼리오.

성모 마리아 대성당의 화려한 천장 장식.

론 동맹국의 지원에 의해 뒷받침됩니다. 이 모든 이점에 더불어 시민의 선의마저 가세한다면, 그렇게 경솔하게 음모를 꾸미기란 불가능합니다. 이처럼 음모자는 통상 범죄를 수행하기 전에 두려워해야 할 수많은 이유가 있기 마련입니다. 그런데 여기에서 음모자가 그에 못지않게 두려워해야 할 것이 있습니다. 바로 도모한 일을 끝낸 후에 시민이 그에게 적대적이 될 수 있으며, 나아가 그런 시민에게서는 어떠한 도피처도 얻을 수 없다는 점입니다.

이 주제에 관해서는 수많은 사례를 들 수 있습니다. 저는 우리의 선대에 일어난 사건 하나를 예시하겠습니다. 현재 안니발레(*안니발레 2세 벤티볼리오Annibale II Bentivoglio를 가리킴) 영주의 조부이자 볼로냐의 군주였던 안니발레 1세 벤티볼리오Annibale I Bentivoglio(1415-1445)는 칸네스키Canneschi 가문의 음모 때문에 살해되었습니다. 그의 유일한

아들인 조반니(*조반니 2세 벤티볼리오Giovanni II Bentivoglio를 가리킴)는 당시에 갓난아기였습니다. 벤티볼리오가 암살당하자 즉각 시민들이 들고일어나 칸네스키 가문을 모두 참살했습니다. 당시에 벤티볼리오 가문은 시민들에게 두터운 신망을 얻고 있었기 때문입니다. 그 신망은 정말 대단했습니다. 안니발레가 죽자 볼로냐를 다스릴 만한 사람으로 벤티볼리오 가문의 누구도 도시에 남아 있지 않자 볼로냐인들은 피렌체에 벤티볼리오 가문의 누군가가 살아 있다는 풍문을 듣고 피렌체에서 그를 데려다 도시의 통치를 맡겼습니다. 그는 조반니가 직접 통치할 수 있는 나이가 될 때까지 볼로냐를 통치했습니다. 이처럼 시민이 군주에게 호감을 품으면 군주는 음모를 걱정할 이유가 별로 없지만 시민이 적대적이고 군주를 미워한다면 매사에, 그리고 모든 사람을 두려워해야만 한다고 결론지을 수 있습니다.

질서가 잡힌 국가와 현명한 군주는 귀족들이 분노하지 않도록, 또 시민이 만족하도록 항상 세심한 주의를 기울여 왔습니다. 이것이야말로 모든 군주가 해야 할 가장 중요한 일 중 하나입니다. 프랑스는 근래에 가장 질서가 잘 잡히고 잘 통치되는 왕국 중 하나입니다. 그리고 그 나라에는 왕의 자유와 안전의 기초가 되는 수많은 좋은 제도가 있습니다. 그 중 으뜸가는 제도는 엄청난 권위를 누리는 고등 법원입니

코시모 데 메디치 기마상. 조반니 다 볼로냐Giovanni da Bologna의 작품이다.

미켈란젤로. 이탈리아의 조각가이자 화가로 수많은 조각 작품을 통해 인간 몸의 아름다움을 잘 표현했다. 레오
나르도 다 빈치, 라파엘로와 함께 르네상스 3대 예술가로 칭송받는다. 메디치 가문과도 깊은 연관이 있다.

황금으로 만들어진 슬리퍼. 고대 이집트의 제21 왕조는 후기 왕조에 해당하는데, 이 시기에는 팔찌, 가슴 장식, 슬리퍼 등 황금으로 만든 공예품이 귀족들의 사랑을 받았다. 이러한 공예품에는 향락주의 색채와 궁정 예술의 분위기가 가득 담겨 있다.

다. 프랑스 왕국을 개혁한 사람은 귀족들의 야심과 거만함을 익히 알았기에 이를 통제하기 위해서 귀족의 입에 재갈을 물릴 필요가 있다고 생각했습니다. 그런 반면 시민이 귀족을 두려워하고 미워한다는 점을 알았기 때문에 그들을 보호하려고 했습니다. 그러나 이 견제의 역할을 왕의 특별한 임무로 삼고 싶어 하지 않았습니다. 시민에게 호의적이라는 이유로 귀족에게 미움을 사거나 귀족에게 호의적이라는 이유로 시민에게 미움을 받기 원하지 않았기 때문입니다. 그 결과, 왕이 직접 적개심을 불러일으킬 필요가 없는 중립적인 제3의 심판 기관을 내세워 귀족을 견제하고 시민을 보호하도록 했습니다. 군주와 왕국 자체를 강화하는 데에 이보다 신중한 조치나 적절한 제도는 있을 수 없었습니다.

이로부터 또 다른 중요한 교훈을 배울 수 있습니다. 군주는 미움을 받는 일은 타인에게 떠넘기고 인기를 얻는 일은 친히 해야 한다는 것입니다. 다시 한 번 군주는 귀족을 존중해야 하지만 동시에 시민의 미움을 사서는 안 된다는 점을 강조하고 싶습니다.

로마 황제들의 삶과 죽음을 검토해 보면 제가 제시한 견해와 상반된 증거를 얻을 수 있다고 반론을 제기할 사람이 아마 적지 않을 듯합

태양왕 루이 14세(Louis XIV(1638-1715). 프랑스 역사상 가장 유명한 전제군주로 꼽힌다. 스스로를 신격화하여 '짐이 곧 국가이니라'라고 했다.

니다. 역사적으로 몇몇 황제는 항상 감탄할 만한 삶을 살고 위대한 정신적 역량을 보여 주었지만 반역을 꾀한 수하들의 음모로 권력을 잃거나 살해되었습니다. 이러한 반론에 대해 저는 그들의 성품을 고려하고, 그들이 실패한 이유를 생각해 보라고 답하겠습니다. 또한 당시의 행적들을 연구하는 사람이라면 누구나 주목할 만한 요소들을 강조하고 싶습니다.

저는 철학자(*마르쿠스 아우렐리우스는 스토아 철학자로도 유명함) 마르쿠스 아우렐리우스Marcus Aurelius Antoninus(161-180년에 재위) 황제부터 시작하여 막시미누스Maximinus Thrax(235-238년에 재위) 황제에 이르기까지 간단하게 검토하겠습니다. 즉 마르쿠스, 그의 아들인 콤모두스Lucius Aelius Aurelius Commodus(180-192년에 재위), 페르티낙스Publius Helvius Pertinax(193년 1월 1일-3월 28일에 재위), 율리아누스Marcus Didius Julianus(193년 3월 28일-6월 1일에 재위), 셉티미우스 세베루스Settimo Severo(193-211년에 재위), 그의 아들인 카라칼라Caracalla(211-217년에 재위, *이름은 안토니누스Antoninus로, 카라칼라는 켈트족의 전통적인 모자를 뜻하는 황제의 별명), 마크리누스Marcus Opellius Macrinus(217-218년에 재위), 엘라가발루스Elagabalus(218-222년에 재위), 알렉산데르Marcus Aurelius Severus Alexander(222-235년에 재위), 그리고 막시미누스를 검토하겠습니다.

첫째로 지적할 사실은 다른 군주국에서는 귀족의 야심과 시민의 무례함만 염두에 두면 되었지만, 로마 제국 황제들은 또 하나의 잔인함과 탐욕에 대처해야 했다는 점입니다. 이는 매우 어려운 문제로, 많은 황제를 몰락하게 했습니다. 군인과 시민을 동시에 만족시키기란 매우

마르쿠스 아우렐리우스 기마상.

어려웠기 때문입니다. 시민은 평화로운 삶을 좋아하고 그 결과 온건한 군주를 원하는 반면에 군인은 호전적인, 다시 말해 오만하고 잔인하며 탐욕스러운 군주를 좋아하기 때문이었습니다. 군인들은 군주가 시민을 거칠게 다루어 그로써 자신들의 보수가 올라가고 또한 자신들의 탐욕성과 잔인성을 만족시킬 배출구를 원했습니다.

그래서 군인과 시민을 동시에 통제할 수 있는 평판을 확보하지 못한 황제들은 항상 몰락했습니다. 그리고 대부분의 황제는 상반되는 욕구를 동시에 만족시키는 일이 어렵다는 사실을 깨달았을 때, 군인들을 만족시키려고 애썼을 뿐 시민이 박해받는 데는 별로 신경 쓰지 않았습니다. 이러한 선택은 필연적이었습니다. 군주는 어느 한 편에게 미움받는 것을 피할 수 없기 때문에 첫 번째로 할 일은 바로 다수 집단의 사람들에게 미움받는 일만큼은 피하는 것입니다. 그것이 불가능하다면 무슨 수단을 써서라도 가장 강력한 집단에게 미움받는 일은 피해야 합니다.

그 결과 특히 강력한 지지가 절실히 필요하던 황제들은 시민보다 군인들의 비위를 맞추려고 했습니다. 그러나 이러한 정책이 과연 황제에게 유익했는지는 그들이 군인들의 존경을 유지할 수 있었느냐에 달려 있습니다.

앞에서 말한 이유로 마르쿠스, 페르티낙스, 알렉산데르는 모두 절제하며 살았고, 정의를 사랑하고 잔혹함을 피했으며, 모두 인도적이고 인자했음에도 끝내 비참한 최후를 맞이했습니다. 단지 마르쿠스만이 명예롭게 살다가 세상을 떠났는데, 그는 세습으로 황제의 지위를 물려받아 자신의 권력에 관해서 군인이나 시민에게 신세를 지지 않았기 때

카라칼라 황제의 흉상. 카라칼라는 로마 역사상 피에 굶주렸던 폭군 중 한 명이다. 본명은 바시아누스Septimius Bassianus이나 196년에 카이사르의 칭호를 받은 후 마르쿠스 아우렐리우스 세베루스 안토니우스 아우구스투스로 개명했다.

독수리의 머리. 이 작품이 제작된 이집트 제6왕조는 고왕국 시기에 해당한다. 당시 금속 공예 작품의 우수성을 잘 드러내는데, 독수리의 머리는 존귀와 권력을 상징한다.

문입니다. 게다가 훌륭한 성품을 갖추어 매우 존경받으며 재위 기간 내내 군인과 시민을 통제할 수 있었고, 또한 미움을 받거나 경멸당하는 일을 항상 피했습니다.

그러나 페르티낙스는 군인들의 뜻에 반해서 황제가 되었는데, 콤모두스 치하에서 기분 내키는 대로 사는 데 익숙했던 군인들은 페르티낙스가 그들에게 부과하려고 했던 절제하는 삶을 참을 수 없었습니다. 그리하여 끝내 미움을 받았고 동시에 경멸당했기 때문에 즉위한 지 얼마 되지 않아 몰락하고 말았습니다.

여기서 언급하고 지나갈 점은 악행은 물론 선행도 미움을 살 수 있다는 것입니다. 앞에서 이야기했듯이 국가를 유지하고자 하는 군주는 종종 선하지 않은 행동을 강요당합니다. 만약 권력을 유지하기 위해서 피치 못하게 도움받을 필요가 있다고 생각되는 일정한 집단이 부패했다면, 군주는 그들을 만족시키기 위해 그들의 비위를 맞추어야 합니

로마 군대의 백인대장(오른쪽)과 병사(왼쪽).

다. 그러한 상황에서 선행은 군주에게 해롭습니다.

알렉산데르의 경우로 돌아가면 그는 매우 선량해서 그가 행한 많은 일이 칭송받았습니다. 대표 사례의 하나로, 재위 14년 동안 재판을 거치지 않고는 단 한 명도 처형하지 않았다는 사실을 들 수 있습니다. 하지만 그는 성정이 유약해서 어머니의 치마폭에 싸인 인물로 평가되어 경멸받았고, 군대가 모반을 일으켰으며 결국 피살되었습니다.

이와 대조적인 콤모두스, 세베루스, 카라칼라, 그리고 막시미누스의 성격을 고찰해 보겠습니다. 그들은 모두 지극히 잔인하고 탐욕스러웠습니다. 군인들을 만족시키기 위해 시민에게 온갖 비행을 저지르기를 망설이지 않았으며, 그 결과 세베루스를 제외하고는 모두 비참하게 최후를 마쳤습니다.

세베루스는 비록 시민을 탄압했지만 다양한 역량으로 군대를 자신에게 우호적으로 유지하면서 끝까지 성공적으로 통치할 수 있었습니다. 뛰어난 역량으로 말미암아 군인들과 시민의 눈에 탁월한 인물로 비쳤는데, 시민은 시종일관 놀라움과 경외심을 느끼며 그를 바라보았고 군인들은 그를 존경하고 만족스럽게 여겼습니다. 세베루스의 행적은 매우 탁월했고 신생 군주에게는 주목할 만한 것이기에, 제가 군주에게 모방할 필요가 있다고 말한 여우와 사자의 기질을 그가 얼마나 잘 활용했는지 간략히 검토해 보겠습니다. 율리아누스의 무능함을 익히 알고 있던 세베루스는 자신이 슬라보니아Slavonia에서 지휘하던 군대에게 로마로 행군해서 친위대에게 피살당한 페르티낙스 황제의 죽음을 복수하자고 설득했습니다. 이를 핑계 삼아 황제가 되고 싶다는 진심을 숨긴 채 그는 군대를 거느리고 아주 빠른 속도로 행군하여 미처 세베루스가 슬라보니아를 떠났다는 소문이 나기도 전에 이탈리아에 이르렀습니다. 그가 로마에 도착했을 때, 겁을 먹은 원로원은 그를 황제로 선출하고 율리아누스를 처형했습니다.

이렇게 시작한 후에 세베루스는 전 로마 제국을 장악하기 위해 두 가지 난관을 극복해야 했습니다. 하나는 아시아에서 그곳 군대의 지도자인 페스케니우스 니게르Gaius Pescennius Niger Justus(?-194)가 스스로를 황제로 칭한 일이었고, 다른 하나는 서쪽에서 알비누스Clodius Albinus(150년경-197)가 제위를 넘본다는 것이었습니다. 세베루스는 두 사람에게 동시에 적의를 보이는 행동은 위험하다고 생각하고, 우선 니게르만 공격해서 알비누스를 속이기로 했습니다. 세베루스는 먼저 알비누스에게 서한을 보내 원로원이 자신을 황제로 추대했지만 자신은 황제의 지위를 알비누스와 공유하기를 원한다고 말했습니다. 그리

명군 안토니누스 피우스Antoninus Pius 황제.

고 카이사르의 칭호를 보내며 원로원의 결정에 의해 알비누스 역시 공동 황제로 즉위해야 한다고 전했습니다. 알비누스는 이를 진실로 믿었습니다. 그러나 니게르를 격파하여 죽이고 나서 로마 제국의 동부 지역을 평정한 후 로마로 돌아온 세베루스는 원로원에서 알비누스는 그가 받은 은혜에 전혀 감사하는 마음 없이 부당하게 자신을 살해하고자 시도했기 때문에 배은망덕을 벌하기 위해 출병해야 한다고 탄핵했습니다. 그리고 프랑스에 있는 알비누스를 공격해 그의 지위와 생명을 동시에 박탈했습니다.

세베루스의 행위를 면밀하게 검토해 본 사람이라면 누구나 그가 매우 사나운 사자이자 매우 교활한 여우였고, 모든 사람에게 두려움의 대상이자 존경의 대상이었으며 동시에 군대의 미움을 받지 않았다고 결론지을 수 있습니다. 따라서 신생 군주인 세베루스가 그토록 거대한

마르쿠스 아우렐리우스의 아들이었던 콤모두스. 지금도 서양인들은 아들 콤모두스를 후계자로 임명한 것이 지혜로운 아우렐리우스가 저지른 가장 큰 실수라고 생각한다. 심지어는 이것이 황제의 본의였다는 것을 믿지 않는다. 콤모두스는 나라를 다스리는 데 조금도 흥미가 없었고 그의 통치로 로마 제국의 번성이 끝났기 때문이다.

제국을 지배할 수 있었다는 사실은 그리 놀라운 일이 못 됩니다. 세베루스의 엄청난 위세가 그의 탐욕스러운 행동 때문에 시민이 그에게 품게 되었을지도 모르는 미움으로부터 그를 보호했기 때문입니다.

그의 아들 안토니누스(카라칼라) 역시 탁월한 성품을 지녀 시민에게 크나큰 칭송을 받았고 군인들에게는 대단한 호감을 샀습니다. 그는 어떠한 역경이든 견딜 수 있는 강건한 전사로서 사치스러운 음식과 모든 부류의 유약함을 경멸했기 때문입니다. 이런 점 덕분에 모든 군인에게 사랑받았습니다. 그러나 수많은 개인을 살해한 것은 물론이고 로마 주민 대다수와 알렉산드리아 주민 모두를 살해하는 전례가 없을 정도로 야만적이고 잔인한 행위를 자행했습니다. 그 결과 안토니누스는 세상 모든 사람에게 커다란 미움을 샀고, 측근조차 그를 두려워하기 시작했습니다. 급기야 어느 날 자신의 군사들 한가운데에서 한 백인대장百人隊長(*백부장百夫長이라고도 한다. 로마 군대의 조직 가운데 100명으로 조직된 단위 부대의 우두머리)에게 살해되었습니다.

여기에서, 원한에 사무친 적의 단호한 결심으로 저질러진 암살은 군주라 하더라도 방어할 수 없음을 지적할 필요가 있습니다. 죽음을 두려워하지 않는 자라면 누구나 군주를 죽일 수 있기 때문입니다. 그러나 이는 매우 드물게 일어나는 일이므로 군주는 그것을 크게 두려워할 필요는 없습니다. 단지 군주는 안토니누스가 그랬듯이 측근이나 궁정 신하들을 심각하게 해치거나 모욕하지 않도록 조심해야 합니다. 안토니누스는 생전에 매우 악독한 방법으로 그 백인대장의 형제를 죽였고 지속적으로 그마저 위협했으나, 그럼에도 여전히 그에게 경호 업무를 맡겼습니다. 매우 경솔한 결정이었고 그가 파멸하는 원인이 될 수 있었는데 실제로 현실이 되고 말았습니다.

그러면 이제 콤모두스 황제를 살펴보겠습니다. 그는 아버지 마르쿠스에게서 제위를 물려받았으므로 아주 쉽게 권력을 유지할 수 있었을 겁니다. 단지 아버지의 행적을 답습하는 것만으로도 충분했을 테며, 그랬더라면 군인과 시민을 만족시킬 수 있었으리라 생각합니다. 그러나 콤모두스는 천성이 잔인하고 야수적이었기에 자신의 탐욕을 만족시키기 위해 시민을 제물로 삼아 군인들의 비위를 맞추고 그들이 제멋대로 행동하도록 방치했습니다. 더욱이 황제의 위엄을 유지하기 위해 필요한 몸가짐도 갖추지 않았습니다. 종종 몸소 투기장에 내려가서 검투사들과 싸우기도 했습니다. 이 밖에도 야비하고 황제의 품위를 손상시키는 다른 일도 많이 저질렀기에 끝내 군인들에게도 경멸받게 되었습니다. 그는 시민에게는 미움을 받고 군인들에게는 경멸을 받았기에 결국 음모에 휘말려 살해되었습니다.

이제 막시미누스의 성격을 살펴보겠습니다. 그는 지극히 호전적인 인물이었습니다. 군인들은 알렉산데르의 유약한 행동을 싫어했기 때문에 그를 살해한 후 막시미누스를 황제로 추대했습니다. 그러나 막시미누스는 두 가지 일로 미움과 경멸의 대상이 되어 제위를 오래 유지하지 못했습니다. 한 가지는 그가 매우 미천한 신분 출신으로 원래 트라키아 지방의 목동이었다는 사실입니다. 다른 하나는 그가 통치 초기에 로마로 가서 제위에 오르는 것을 지연시켰다는 사실입니다. 이로 인해 잔혹하다는 평판을 얻었는데, 이는 그의 지방 장관들이 로마와 제국 여러 곳에서 수많은 잔인한 악행을 저질렀기 때문입니다. 그 결과 모든 사람이 그의 미천한 태생에 분노하고 그의 잔인함을 두려워하

메디치 가문 무덤 내부. 메디치 가문의 사람들만 안치되었다. 규모와 웅장함으로 그들의 권력이 얼마나 강력했는지를 가늠하게 한다.

나폴레옹 1세Napoléon I(1769-1821)의 물병. 정교하고 아름답기
그지없는 귀금속 공예품이다.

며 그를 매우 미워해 먼저 아프리카에서 반란이 일어나고 뒤이어 로마
의 원로원과 시민이 들고일어났으며 급기야는 이탈리아 전역에서 반
란이 일어났습니다. 마지막으로 그의 군대도 반란을 일으켰습니다. 군
인들은 당시 아퀼레이아Aquileia(*이탈리아 북부 우디네 인근에 있던 도
시)를 포위하고 공격하고 있었는데, 매우 어려운 작전이라 모두들 지
쳐 있었습니다. 그렇지 않아도 황제의 잔혹함에 화나 있는데 그토록
많은 사람이 황제에게 저항하며 들고일어난 것을 알게 된 그들은 별
두려움 없이 황제를 살해하고 말았습니다. 엘라가발루스, 마크리누스
및 율리아누스는 모두 경멸을 받았고 제위에 오른 지 얼마 안 되어 살
해되었기에 이들에 관해서는 논의하지 않고 이 개괄적인 논의를 마무
리하겠습니다.

　저는 우리 시대의 군주들은 자신의 통치를 위해서 폭력적이고 불법

적인 수단으로 군인들을 만족시켜야 할 필요성에 시달리지 않는다고 생각합니다. 비록 군인들을 주의해야 하기는 하지만, 어떤 문제든 신속하게 해결할 수 있을 것입니다. 오늘날의 군주들은 과거 로마 제국의 군대처럼 오랫동안 일정 지역에 주둔하면서 그 지역을 지배하고 행정 업무를 관장하는 군대를 두지 않습니다. 당시에 시민보다 군인들을 만족시킬 필요가 더 많았던 것은 위와 같은 이유로 군인들이 더 강력한 세력이었기 때문입니다.

투르크와 이집트의 술탄을 제외한 오늘날의 모든 군주는 이제 군인보다 시민이 더 강력하기 때문에 군인보다 시민을 만족시킬 필요가 있습니다. 투르크의 술탄을 예외로 삼은 것은 항상 1만 2천 명의 보병과 1만 5천 명의 기병이 술탄을 보호하고, 왕국의 안전과 권력을 군사력에 의존하기 때문입니다. 그만큼 술탄은 군대를 우호적으로 유지하고 누구보다 그들에게 많은 관심을 쏟아야 합니다. 마찬가지로 이집트의 술탄 왕국도 전적으로 군인의 수중에 있기에 이집트의 술탄 역시 시민이 원하는 바를 생각하기보다는 군인들에게 우호적이 되어야 합니다.

게다가 이러한 술탄 국가는 많은 점에서 그 밖의 군주국들과 다릅니다. 술탄 국가는 교황 제도와 유사한 제도를 시행하므로 세습 군주국이라고도, 신생 군주국이라고도 할 수 없습니다. 상속자가 되어 군주의 지위를 승계하는 사람은 이전 군주의 아들이 아니라 선거권이 있는 이들에 의해서 선출된 자이기 때문입니다. 이 제도는 예부터 내려오는 것이고, 신생 군주국이라고 부를 수 없습니다. 비록 그 군주가 분명히 새로운 인물일지라도 국가의 제도가 오래되었기 때문에 시민은 새로 선출된 군주를 마치 세습 군주처럼 맞아들일 태세가 되어 있

아이작 월라벤Isaac Walraven이 그린 〈에파미논다스의 병상〉. 현재 네덜란드의 암스테르담 국립미
술관에 소장되어 있다.

습니다.

주제로 되돌아가서 지금까지 제가 언급한 것들을 종합해 보면, 앞에서 검토된 황제들을 몰락시킨 것은 한결같이 미움이나 경멸이었음을 깨달을 수 있습니다. 그중 한 그룹은 이런 식으로, 다른 그룹은 저런 식으로 처신했는데 각 그룹에서 한 황제는 성공적이었으나 나머지는 전부 비참해졌습니다. 페르티낙스와 알렉산데르는 신생 군주였기에 세습 군주인 마르쿠스처럼 행동하는 것은 오히려 백해무익했습니다. 마찬가지로 카라칼라, 콤모두스, 막시미누스가 세베루스를 모방하는 것은 그들에게 세베루스의 행적을 따를 만한 역량이 없었기 때문에 위험한 일이었습니다. 신생 군주국의 새 군주는 마르쿠스의 행적을 모방할 필요가 없습니다. 오히려 자신의 국가를 세우기 위해서 필요한 조치를 해야 할 때는 세베루스를 모방하고, 이미 오랫동안 확립된 국가를 보존하기 위해서 적합하고 영광스러운 조치를 해야 할 때는 마르쿠스를 모방해야 할 것입니다.

제20장
군주가 일상적으로 하는 일들은
유리한가, 불리한가

권력을 더욱 확고하게 유지하기 위해서 어떤 군주는 신민들의 무장을 해제하고 또 어떤 군주는 자신이 정복한 도시에 분열을 조장합니다. 또 다른 군주는 자신에 대한 적의를 부추기기도 하고, 다른 군주는 정권 초기에 미심쩍은 자들을 자기편으로 회유하기도 합니다. 어떤 군주는 요새를 구축하고, 또 다른 군주는 요새를 파괴했습니다. 이러한 조치들이 취해진 국가들의 구체적인 상황을 검토하지 않는 한 이 조치들에 대해 확실한 판단을 내리는 것이 주저되지만, 되도록 일반적인 관점에서 이 주제를 논의하겠습니다.

〈알렉산드로스 앞에 있는 다리우스의 가족〉. 16세기 이탈리아 화가 파올로 베로네세Paolo Veronese의 작품이다.

고대 로마 제국에서 통용되었던 카라칼라 황제의 모습이 새겨진 은화.

우선 신생 군주들은 신민들의 무장을 절대 해제하지 않았습니다. 반대로 신민들이 무장을 갖추고 있지 않으면 항상 신민들에게 무기를 제공했습니다. 군주가 신민들을 무장시키면 그들의 무기가 곧 군주의 것이기 때문입니다. 그리고 이로써 군주를 불신하던 자들은 충성스럽게 되고, 원래 충성스러운 자들은 그대로 충성을 지키며, 신민들은 열성적인 지지자로 변모합니다. 모든 신민에게 무기를 제공하는 것이 불가능할 때는 무장시킨 자들을 후대하면 군주는 그 나머지 사람들로부터 자신을 확고하게 지킬 수 있습니다. 전자는 나머지 사람들과 달리 우대받음으로써 군주에게 더욱 충성할 것이고, 후자는 위험 부담이 크고 엄격한 임무를 수행하는 자들을 우대하는 것이 당연하다고 인정해 군주의 행동을 승인할 것이기 때문입니다.

그러나 반대로 군주가 신민들의 무장을 해제하면 그들의 감정을 상하게 할 것입니다. 그것은 군주가 유약하고 비겁하거나 의심이 많아서 그들을 믿지 않는다는 것을 보여 주는 셈이 되기 때문입니다. 그리고

마르쿠스 브루투스Marcus Junius Brutus 흉상. 로마 공화정 말기의 정치가로, 내란 때 카이사르에게 대항했으나 요직에 임명된다. 이후 황제를 꿈꾸는 카이사르의 야심을 알아채고 그를 암살했다. 하지만 브루투스 역시 안토니우스, 옥타비아누스 군과 싸우다 패하여 자살한다.

〈불멸에서 깨어난 나폴레옹 1세〉. 군왕 나폴레옹의 나른한 모습을 묘사하고 있다.

이러한 이유로 군주는 신민들에게 미움을 사게 됩니다. 군사력 없이는 권력을 유지할 수 없으므로 군주는 어쩔 수 없이 제가 앞에서 논의한 바 있는 그런 종류의 용병을 고용해야 할 것입니다. 그러나 용병이 효과적이라고 하더라도 강력한 적군이나 충성심이 의심스러운 시민으로부터 군주를 확실하게 지켜 줄 만큼 효과적이지는 못합니다. 제가 말한 것처럼 신생 군주국의 군주는 항상 신민들을 무장시켰습니다. 역사에 그런 사례들이 가득합니다.

한편, 기존 국가에 수족처럼 다른 국가를 병합했을 때 군주는 병합을 도운 열성적인 지지자들을 제외하고 그 주민들을 무장 해제시켜야 합니다. 그러나 조만간 기회가 생기면 병합을 도운 자들도 약화시켜야 하며, 앞에서 언급했듯 전체 국가의 무력은 원래 가까이에서 군주에게 봉사해 온 자국 출신의 군대에 집중하는 조치를 취해야 합니다.

우리의 선조, 그리고 현명하다는 사람들은 피스토이아는 파벌을 조장해서 다스리고 피사는 성곽을 이용해서 통치해야 한다고 말했습니다. 이에 따라 그들은 복속된 도시의 신민들 사이에 불화를 조장하여 그들을 쉽게 지배할 수 있었습니다. 이 정책은 이탈리아에서 어느 정도 평화의 균형이 유지된 시대에는 효과적이었지만 오늘날에는 더 이상 통용되지 않는 듯합니다. 저의 견해는 분열이 누구에게도 도움이 되지 않는다는 것입니다. 오히려 파벌 경쟁으로 얼룩진 도시는 적군의 위협을 받았을 때 쉽게 무너집니다. 세력이 약한 파벌은 항상 침략자와 결탁하는데 다른 파벌은 이를 저지할 만큼 강력하지 못하기 때문입니다.

베네치아는 자신들의 지배하에 있는 도시에서 겔프Guelfi(교황당)와 기벨린Ghibellini(황제당)이라는 두 파벌을 조성했습니다. 비록 두 파벌 사이의 유혈 참극은 용납하지 않았지만, 베네치아인들은 그들 사이에 교묘하게 불화를 조장하여 시민들이 파벌 싸움에 몰두하느라 단합해서 자신들에게 저항하지 못하도록 했습니다. 곧 살펴보겠지만, 이 정책은 결과적으로 베네치아인들에게 도움이 되지 않았습니다. 그들이 바일라에서 패배하자마자 일부 도시에서 대담하게 반란을 일으켰고, 베네치아인들에게 내륙에 있는 베네치아 제국의 모든 영토를 빼앗았습니다. 따라서 분열 정책은 곧 군주의 유약함을 보여 주는 것이며, 강력한 군주국은 그러한 분열을 절대 용납하지 않습니다. 분열 정책은 신민들을 쉽게 통제할 수 있는 평화 시에만 유용하기 때문입니다. 막상 전쟁이 일어나면 그러한 정책의 오류가 명백히 드러나기 마련입니다.

자신에게 닥친 시련과 공격을 극복할 때 군주가 위대해진다는 데는 의문의 여지가 없습니다. 이러한 이유로 운명의 여신은 특히 신생 군주의 권력을 강화하기를 원할 때 적의 성장을 지원하고 그가 적과 싸우게 합니다. 그 결과 신생 군주는 적을 격파하고 마치 적이 사다리를 제공한 것처럼 더욱 높은 곳으로 올라가게 됩니다. 그래서 많은 사람이 현명한 군주는 적대적인 세력을 부추길 기회라면 무엇이든 교묘하게 활용하며 그들을 격파했을 때 명성과 권력이 더욱 증대된다고 생각합니다.

군주는 종종 통치 초기에 미심쩍게 본 사람들이 오히려 자신이 애초부터 신뢰한 이들보다 더 믿을 만하고 유용하다는 점을 발견하게 됩니다. 시에나의 군주 판돌포 페트루치 Pandolfo Petrucci(1452-1512)는 다른 누구보다도 그가 한때 미심쩍게 본 사람들의 도움으로 나라를 잘 다스릴 수 있었습니다. 그러나 인간과 상황은 변화무쌍하므로 이 점을 일반화하기는 어렵습니다. 다만 제가 말할 수 있는 것은, 군주는 정권 초기에 자신에게 적대적이지만 자력으로 지위를 유지하기가 어려워서 어딘가에 의지해야만 하는 사람들을 자기편으로 끌어들이는 일이 매우 쉽다는 점을 깨닫는다는 것입니다. 그들 역시 나름대로 군주에게 충직하게 봉사할 의무감을 느끼게 됩니다. 자신에게 불리한 초기의 인상을 만회하기 위해 그런 행동이 절실히 필요하다는 점을 익히 알고 있기 때문입니다. 따라서 군주는 자신의 지위가 매우 확고하다고 느껴서 군주의 일을 등한시하는 경향이 있는 사람들보다 그런 이들이 훨씬 유용하다는 점을 항상 발견할 것입니다.

게다가 신생 군주라면 누구에게나 상기시킬 필요가 있는 중대한 문제가 있습니다. 즉 주민들의 호의로 권력을 잡은 지 얼마 되지 않은 군주라면 자신이 권력을 장악할 수 있도록 그들이 지원한 이유를 잘 생각해 봐야 한다는 것입니다. 그 이유가 군주에 대한 자연스러운 호의가 아니라 단지 이전 정부에 품었던 불만이었다면 그들을 계속 자신에게 우호적으로 유지하기는 매우 어렵고 힘들 것입니다. 신생 군주 역시 그들을 만족시킬 수 없기 때문입니다. 이러한 점을 고려해 보면, 이전 정권에 만족했기 때문에 새 군주에게 적대적이었던 사람들을 자기 편으로 끌어들이는 일이 이전 정권에 불만을 품어서 새 군주에게 호의를 느끼고 그의 권력 장악에 기여한 사람들을 자기편으로 계속 유지하는 것보다 훨씬 쉽다는 것은 명백합니다.

군주들은 국가를 더 안전하게 유지하기 위해 흔히 요새를 구축했습니다. 요새는 군주에 대한 반란을 도모하는 자들에게 재갈과 굴레로 작용하며, 돌발적인 공격을 받을 때 안전한 피난처를 마련하기 위해 고안되었습니다. 이러한 관행은 예전부터 내려온 것으로 저는 이 점을 인정합니다. 그렇지만 우리 시대에 니콜로 비텔리(*파올로와 비텔로초 비텔리 형제의 아버지)는 자신의 지배를 지속하기 위해서 오히려 치타디카스텔로Citta di Castello의 두 요새를 허물어 버렸습니다. 우르비노의 공작인 귀도 우발도는 체사레 보르자에게 빼앗긴 영지를 되찾았을 때 그 지역의 모든 요새를 완전히 파괴해 버렸습니다. 요새를 모두 파괴하는 것이 나라를 다시 빼앗길 가능성을 줄인다고 판단했기 때문입니다. 벤티볼리오 가문도 볼로냐에서 권력을 되찾았을 때 같은 정책을 펼쳤습니다. 요새는 때에 따라서 이롭기도 하고 해롭기도 합니다.

〈전망〉. 장-앙투안 바토Jean-Antoine Watteau의 작품으로 왕궁 귀족들의 향락적인 생활을 묘사한다.

이는 상황에 좌우됩니다. 게다가 요새는 어떤 점에서는 군주에게 이롭기도 하지만, 다른 점에서는 해롭기도 합니다.

이 주제는 다음과 같이 정리할 수 있습니다. 만약 군주가 외세보다 시민을 더 두려워한다면, 요새를 구축해야 합니다. 그러나 시민보다 외세를 더 두려워한다면, 요새를 구축해서는 안 됩니다. 프란체스코 스포르차가 세운 밀라노의 성채는 그 나라의 어떤 혼란보다도 스포르차 가문에게 더 큰 분쟁의 근원이었고 앞으로도 그럴 것입니다. 따라서 군주에게 최선의 요새는 시민에게 미움받지 않는 것입니다. 만약 견고한 요새가 있더라도 시민이 군주를 미워한다면, 요새는 군주를 구하지 못할 겁니다. 시민이 봉기하면 언제든 그들을 지원할 태세가 되어 있는 외세가 반드시 출현하기 때문입니다. 최근의 역사를 살펴보면, 요새는 어떤 군주에게도 이익이 되지 않았습니다.

〈민중을 이끄는 자유의 여신〉. 프랑스의 낭만주의 화가 외젠 들라크루아의 작품으로, '1830년 7월 28일'이라는 부제가 달려 있다. 왕정복고에 반대하여 봉기한 시민들이 3일 동안의 시가전 끝에 결국 부르봉 왕가를 무너뜨리고 루이 필리프를 국왕으로 맞이한 7월 혁명을 주제로 한 작품이다.

예외가 있다면 남편인 지롤라모 백작이 암살된 포를리 백작 부인(*카테리나 스포르차를 가리킴)의 경우입니다. 시민이 봉기하자 요새가 백작 부인에게 피난처를 제공했기 때문입니다. 백작 부인은 그곳에서 밀라노의 원군을 기다릴 수 있었고, 결국 권력을 되찾았습니다. 당시 상황에서는 외세도 시민을 도울 수 없었습니다. 그러나 나중에 체사레 보르자가 진격하고 노한 시민들이 침략군에 합세했을 때, 요새는 그 여성에게 아무 도움이 되지 않았습니다. 따라서 두 경우에서 볼 수 있듯이 요새에 의존하는 것보다 시민에게 미움을 받지 않는 것이 그 여성을 더욱 안전하게 보호했을 것입니다.

이 모든 것을 염두에 둘 때, 저는 요새를 구축하는 군주이든 그렇지 않은 군주이든 간에 모두 찬사를 보내고 싶습니다. 그러나 요새를 너무 믿고 시민의 미움을 사는 것에 개의치 않는 군주는 비난받아 마땅합니다.

제21장
군주가 명성을
얻기 위한 방법

　　대규모 군사 작전을 수행하고 유례없는 비범한 행동을 보여 주는 것만큼 군주에게 높은 명성을 가져다주는 것도 없습니다. 우리 시대에는 스페인의 현 국왕인 아라곤 가문의 페르난도 2세가 그 탁월한 예를 보여 줍니다. 그는 거의 신생 군주라고 해도 무방합니다. 약소국의 군주로 출발해 기독교 세계에서 가장 유명하고 영광스러운 왕이 되었기 때문입니다. 그의 업적을 검토해 보면, 모든 업적이 매우 주목할 만하며 어떤 것은 가히 타의 추종을 불허합니다. 이 인물은 통치 초기에 그라나다를 공격했고, 이 전쟁을 통해 국가의 토대를 탄

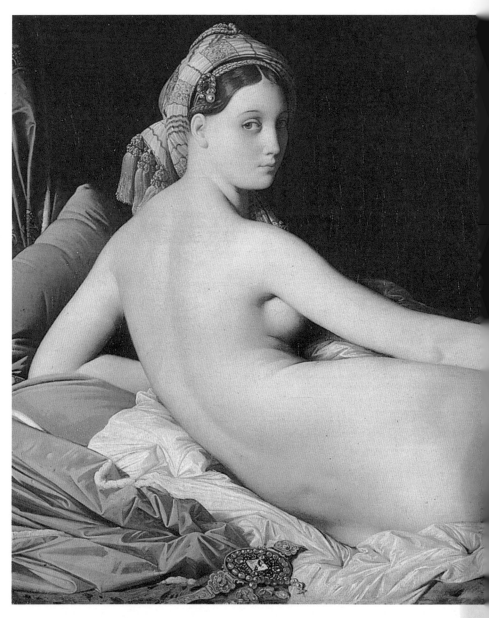

〈그랑드 오달리스크〉. 프랑스 화가 장 오귀스트 도미니크 앵그르Jean Auguste Dominique Ingres가 터키 궁녀의 규방 생활을 그린 작품으로 동양적인 분위기가 농후하다. 동양과 서양의 궁정 사람들의 생활의 차이를 조금이나마 엿볼 수 있는 그림이다.

〈하렘의 테라스〉. 아랍 왕궁의 가장 은밀한 후궁 생활을 보여 준다. 목욕하고, 가벼운 이야기를 나누고, 사색에 잠기는 등 다양한 모습의 왕비와 궁녀 등 왕궁에 사는 여성들의 생활이 드러나 있다. 이 역시 동양과 서양 왕궁의 차이점이라고 할 수 있다.

탄하게 쌓았습니다. 무엇보다 이 전쟁을, 사태가 평온하고 반대를 무릅쓰지 않아도 될 때 시작했습니다. 그는 카스티야의 제후들이 전쟁에 전념하게 했고, 그 결과 그들은 어떠한 반란도 모의할 수 없었습니다. 그동안 페르난도는 명성을 쌓으면서 부지불식간에 그들에 대한 지배를 공고히 해 나갔습니다. 교회와 시민에게서 각출한 돈으로 군대를 유지했고 긴 전쟁을 통해서 강력한 군대를 양성했습니다. 군대의 업적은 나중에 그에게 드높은 영광을 안겨 주었습니다. 게다가 더 큰 전쟁을 수행하기 위해 계속해서 종교를 이용하여 잔인하지만 일견 경건한 정책을 통해 마라노marrano(*중세 스페인-포르투갈에서 그리스도교로 개종당한 유대인)를 색출해 죽이고 왕국에서 몰아내는 등 유례없이 참혹한 짓을 저질렀습니다. 그리고 똑같은 명분을 내세워 아프리카를 공략했고, 이탈리아에 진군했으며, 최근에는 프랑스를 공격했습니다. 왕은 항상 거창한 일들을 계획하고 성취했는데, 이 때문에 그의 신민들은 항상 사태의 귀추를 주목하며 긴장과 경이감에 사로잡혀 있었습니다. 그리고 이러한 행동은 쉴 새 없이 계속되었기 때문에 누구도 그에게 반란을 시도할 만한 시간적 여유조차 가질 수 없었습니다.

또한 군주가 자신의 왕국 내에서, 예컨대 밀라노 군주인 베르나보 비스콘티Bernabò Visconti(1323-1385) 공작이 그랬듯이 매우 비범함 행동을 보이는 것은 아주 유익합니다. 누군가 정치적으로 또는 사회적으로 비상한 업적을 성취하면 공작은 화제가 될 만한 방법으로 그 사람을 보상하거나 처벌했습니다. 무엇보다 먼저 자신의 모든 행동을 통해 비범한 재능을 갖춘 위대한 인물이라는 명성을 얻도록 노력해야 합니다.

군주는 자신이 진정한 동맹인지 공공연한 적인지를 명확히 하면, 다시 말해 주저하지 않고 다른 군주에 반대하여 한 군주를 지지하면 대단히 존경받습니다. 이 정책은 중립으로 남아 있는 것보다 언제나 더 낫습니다. 만약 인접한 두 국가의 강력한 군주가 전쟁을 벌이면 궁극적인 승자는 당신에게 위협적인 존재가 될 수도 있고 그렇지 않을 수도 있습니다. 그러나 둘 중 어느 쪽이든 자신의 입장을 선언하고 당당하게 전쟁에 개입하는 것이 항상 더 현명한 정책이 됩니다. 우선 서로 싸우는 군주들이 자신에게 위협적인 존재인 경우, 그 사이에서 입장을 명확히 밝히지 않으면 자신이 승자에 의해 파멸할 것이기 때문입니다. 이 경우 당신이 무방비 상태가 되고 우방이 없는 상황에 처하는

〈**예루살렘의 파괴**〉. 예루살렘이 파괴되는 비참한 광경을 묘사했다. 전쟁 후 사방에 시체가 즐비하게 널려 있다. 다행히 천사, 성모 마리아 등이 이들을 구제하러 내려오는 모습이 보인다.

동양의 낭만적인 분위기가 물씬 풍기는 작품이다. 터키 콘스탄티노플 광장을 묘사하고 있는데, 광장과 스산한 콘스탄티노플이 선명한 대비를 이룬다.

것은 자업자득이라고 할 수 있습니다. 승자는 자기가 곤경에 처했을 때 자기를 돕지 않았던, 신뢰하기 어려운 자를 동맹으로 원하지 않을 것입니다. 그리고 패자는 당신이 자신을 군사적으로 지원함으로써 공동 운명의 위험을 감수하려 하지 않았기 때문에 어떠한 호의도 베풀지 않을 것입니다.

고대에 안티오코스 3세가 아이톨리아인들의 요청으로 로마인을 몰아내기 위해 그리스에 침입한 적이 있었습니다. 안티오코스는 로마인 편이던 아카이아인들에게 사절을 보내 중립을 제의했습니다. 반면에 로마인들은 아카이아인들에게 자신들을 위해 무기를 들 것을 권유했습니다. 아카이아인들의 회의에서 이 문제가 논의되었는데, 안티오코스의 사절이 아카이아인들의 중립을 요구하는 연설을 하자 로마의 사절이 대꾸했습니다. "그들이 당신들에게 말한 것, 즉 당신들이 전쟁에 개입하지 않는 게 좋다는 제안에 대해서, 우리는 그 무엇도 이보다 당신들의 이익에 반하는 일은 없다고 말하겠습니다. 단순하게 개입하지 않는다면 당신들은 어떤 감사나 명예도 얻지 못한 채 승자의 제물이 되고 말 것입니다."

당신의 우방이 아닌 군주는 당신이 항상 중립으로 남기를 원하는 반면에 당신의 우방인 군주는 당신이 항상 무기를 들고 지원해 주기를 원합니다. 우유부단한 군주는 현재의 위험을 피하려 대부분 중립으로 남기를 원하는데, 이는 번번이 파멸의 원인이 됩니다. 이때, 당신이 강력하게 지원한 쪽이 승리했다고 가정해 보겠습니다. 비록 그가 강력해지고 당신은 그의 처분에 맡겨지겠지만, 그는 당신에게 신세를 지게 되었고 둘 사이에는 우호 관계가 이루어졌습니다. 그러한 상황에서 배은망덕하게 당신을 공격할 만큼 파렴치한 인간은 없습니다. 게다가 승자가 제멋대로 행동해도 무방할 정도로, 특히 정의롭게 행동하지 않아도 무방할 정도로 그렇게 결정적인 승리는 없습니다. 반면에 당신이 도운 군주가 패배한 경우라도 그는 당신을 보호하려고 할 것이며, 당신에게 감사를 표할 것이고 가능한 한 당신을 도우려고 할 것입니다. 그리하여 당신은 재기할 수 있는 운명의 동맹이 됩니다.

두 번째 상황의 경우에도 여전히 개입하는 것이 훨씬 현명한 정책이 됩니다. 당신은 한 군주의 도움을 받아 다른 한 군주를 몰락시키는 셈이 되기 때문입니다. 만약 그 한 군주가 현명했더라면, 다른 한 군주를 그대로 두었을 것입니다. 어쨌든 당신이 힘을 합쳐 이김으로써 당

〈저승의 세 왕비〉. 신비감이 가득한 작품으로, 마치 현실 속의 왕국을 암시하는 듯하다.

〈음유시인과 루트와의 만찬〉. 헤리트 반 혼토르스트_{Gerrit van Honthorst}의 작품으로 지금은 우피치 미술관에 있다. 이 작품 역시 메디치 가문의 방대한 예술 소장품 중 하나로 추정된다.

신의 도움을 받은 군주는 당신의 처분에 따를 것입니다.

여기에서 군주는 이미 말한 대로 상황에 강요당하지 않는 한, 다른 국가를 공격하기 위해 자신보다 강력한 군주와 동맹을 맺어서는 안 된다는 점을 명심해야 합니다. 만약 그 강력한 군주와 함께 승리를 거두면 그의 수중에 들어가게 되므로, 군주란 모름지기 다른 세력의 처분에 맡겨지는 사태를 피하고자 최선을 다해야 할 것입니다. 베네치아인들은 밀라노 공작을 공격하려고 프랑스와 동맹을 맺었습니다. 사실 그들은 자신들을 몰락시킨 이 동맹을 피할 수도 있었습니다. 그러나 동맹을 피할 수 없을 때, 통치자는 앞에서 말한 이유에 따라 동맹에 참여해야 합니다. 어떤 국가도 안전한 정책을 따르는 것이 항상 가능하다고 믿어서는 안 됩니다. 오히려 그 안전한 정책을 모호하고 미심쩍은 것으로 바라보아야 합니다. 사물의 도리상 한

〈프리지다리움〉. 고대 그리스-로마 귀족의 목욕하는 풍습을 표현했다.

가지 위험을 피하려고 하면 으레 다른 위험에 직면하게 되기 때문입니다.

그러나 지혜로운 군주는 다양한 위험을 평가하는 방법을 알고, 따라야 할 올바른 대안으로 가장 해악이 적은 대안을 택해야 합니다. 군주는 또한 자신이 재능 있는 자를 아끼고 어떤 기예 분야에 뛰어난 자를 우대한다는 점을 보여 재능을 예우하는 사람임을 과시해야 합니다. 더욱이 군주는 시민이 안심하고 상업, 농업 및 기타 분야에서 통상적인 생업에 종사하도록 권장해야 하며, 이를 위해 사람들에게 빼앗길까 봐 두려워 사유 재산을 늘리거나 그 가치를 개선하는 것을 주저하지 않도록 하고, 부과될 세금이 두려워 상업을 시작하는 것을 망설이지 않도록 해야 합니다. 오히려 군주는 그런 일을 하려는 사람들에게, 그리고 도시와 국가를 어떤 방법으로든 부강하게 하는 자들에게 보상해야 합니다. 또한 일 년 중 적절한 시기에 축제나 구경거리를 주선하여 시민들이 즐길 수 있도록 해야 합니다. 그리고 모든 도시는 길드나 족벌로 나뉘어 있으므로 이러한 집단들에 적절한 호의를 베풀어 때때로 그들을 친히 만나고 군주의 친절함과 넉넉한 씀씀이를 보여 주어야 할 것입니다. 그러나 군주다운 위엄은 결코 훼손되어서는 안 되므로 위엄을 지키는 데 항상 신경 써야 합니다.

제22장
군주의 신복들

대신을 선임하는 일은 군주에게 중차대한 문제입니다. 그들이 훌륭한지 아닌지는 군주의 지혜에 달려 있습니다. 군주의 지적 능력을 알려면 우선 주변의 인물들을 살펴볼 필요가 있습니다. 그들이 유능하고 충성스럽다면 군주는 항상 현명하다고 사료됩니다. 군주가 그들의 능력을 파악하고 충성심을 유지할 능력이 있다고 판단되기 때문입니다. 만약 그들이 보통 사람이며 불충하다면 군주는 항상 낮게 평가될 것입니다. 군주가 저지른 첫 번째 실수가 바로 그들을 선임한 것이기 때문입니다.

오스트리아 빈에 있는 카를 성당 내부. 신성로마 제국의 황제 카를 6세Karl VI는 빈이 재난을 면하게 될 수 있다면 큰 성당을 지어 밀라노 대주교에게 바치겠다고 기도드렸다. 여기서 말하는 재난이란 18세기 초반 유럽을 휩쓴 페스트다. 마침내 페스트가 빈에서 물러나자 이를 축하하기 위해 1713년 카를 6세가 이 성당을 짓게 된다.

시에나의 군주 판돌포 페트루치의 대신인 베나프로의 안토니오Antonio di Venafro를 아는 사람이라면 누구나 판돌포가 안토니오를 대신으로 거느리고 있다는 사실 자체만으로 판돌포를 매우 유능한 인물로 평가할 것입니다. 인간의 두뇌에는 세 부류가 있습니다. 첫째는 사물의 이치를 스스로 터득하며, 둘째는 남이 그 이치를 설명했을 때 깨우치고, 셋째는 그 이치를 전혀 이해하지 못합니다. 첫째 부류가 가장 탁월하며, 둘째는 뛰어나고, 셋째는 무용지물입니다. 따라서 판돌포는 첫째 부류에는 속하지 못한다고 하더라도 분명히 둘째 부류에는 속합니다. 군주가 매번 다른 사람의 말과 행동의 선악을 식별할 판단력을 보여 준다면 그는 대신의 선행과 악행을 분별할 수 있고 또한 전자를 보상하고 후자를 처벌할 능력이 있기 때문입니다. 그리고 대신은 자신이 군주를 속일 수 없다는 점을 알기에 스스로 처신을 잘하려고 노력

부다페스트에 있는 부다 왕궁. 왕궁 중심부는 현재 역사 박물관이 되었다.

하게 됩니다.

군주가 한 대신의 사람됨을 평가하는 데는 아주 확실한 방법이 있습니다. 그가 군주의 일보다 자신의 일에 더욱 마음을 쓰고 그의 모든 행동이 자신의 이익을 추구하기 위해 의도된 것임이 밝혀지면, 그는 결코 좋은 대신이 될 수 없고 군주는 결코 그를 신뢰할 수 없을 것입니다. 국가를 다스리는 사람은 절대로 자신과 자신의 일이 아니라 항상 군주에 대해 생각해야 하고 군주의 일에만 관심을 집중해야 합니다. 한편, 군주는 대신의 충성심을 확보하기 위해 그를 우대하고, 재물을 누리게 하며, 그를 가까이 두고 명예와 관직을 수여하는 등 그를 잘 보살펴야 할 것입니다. 요컨대 군주는 대신으로 하여금 그가 오직 군주에게만 의존해야 한다는 점을 깨닫게 하고, 이미 얻은 많은 명예와 재부로 만족하여 더 많은 명예와 재부를 원하지 않도록 해야 하며, 자신

카를 성당 외부.

EXECUTION DE LOUIS CAPET

A dix heures et demie du matin Louis Capet eut la Tête tranchée sur la Place de la Révolution ci-devant Place de
et est monté a l'échaffaud avec fermeté et courage. Il a voulu haranguer le Peuple, mais l'éxécuteur des jugemens criminels
lui ont entendu prononcer ces paroles. (Citoyens, je pardonne à mes ennemis; je meurs innocent.) Sa Tête est tombée, elle

A Paris chez Basset, Rue S. J.

단두대에서 처형당하는 루이 16세.

NOM , LE 21. JANVIER 1793.

Piédestal et les Champs Elisées. Il est arrivé au lieu de l'éxécution dans la Voiture du Maire de Paris. Il s'est deshabillé
Général Santerre et au bruit des Tambours l'a mis en devoir de subir son jugement. Cependant ceux qui étoient près de l'échaffaud
ectacle, et le Cadavre à été porté et inhumé sur le champ dans le Cimetière de la Paroisse de la Magdelaine.
r Mathurins, à l'Image S.te Geneviève.

이 맡은 많은 관직을 잃을까 염려하여 변화를 두려워하도록 대우해야 합니다. 만약 대신과 군주가 그러한 관계를 유지한다면 그들은 계속해서 서로 신뢰할 것입니다. 반대로 그렇지 못하다면, 둘 중 어느 한쪽은 항상 불행한 결과를 맞이할 것입니다.

제23장
아첨하는 자들을
피하는 방법

저는 군주가 피하기 어려운 중요한 주제와 실수에 관한 논의를 반드시 거론하고 싶습니다. 이러한 실수는 군주가 매우 사려 깊은 성정이 아닌 한 범하기 쉽습니다. 그 실수란 궁정을 가득 채우고 있는 아첨꾼들로부터 생기는 위험과 관련 있습니다. 인간이란 너무 쉽게 자기 자신과 자신의 활동에 만족하고 자기기만에 빠지기 때문에 아첨이라는 질병으로부터 자신을 보호하기란 지극히 어렵습니다. 더욱이 아첨으로부터 자신을 보호하기 위해 노력할 때 군주는 자칫 경멸당할 위험에 빠지기도 합니다.

장 오귀스트 도미니크 앵그르가 그린 〈왕좌에 앉은 나폴레옹 1세〉.

베르사유 궁전의 왕의 침실.

　군주가 아첨으로부터 자신을 보호하는 유일한 방법은 자신이 진실을 듣더라도 결코 화내지 않는다는 점을 널리 알리는 것입니다. 그러나 누구든지 군주에게 솔직하게 말할 수 있다면, 군주에 대한 존경은 순식간에 사라지고 말 것입니다.

　따라서 현명한 군주는 제3의 방도를 따라야 합니다. 자신의 나라에서 사려 깊은 사람들을 선임하여 그들에게만 솔직하게 말할 수 있도록 허용하되, 그것도 군주가 요구할 때만 허용해야지 아무 때나 허용해서는 안 됩니다. 그리고 군주는 그들에게 모든 일에 관해서 묻고 주의 깊게 그들의 견해에 귀를 기울인 후 자신의 방식에 따라서 스스로 사고하여 결정을 내려야 합니다. 나아가 군주는 조언자들의 말이 솔직하면 할수록 더욱 그들의 말이 잘 받아들여진다고 믿게끔 처신해야 합니다. 군주는 자신이 선임한 사람을 제외하고는 다른 누구의 말에도 귀를 기

〈레오나르도 다 빈치 자화상〉. 그의 자화상 중 가장 유명하지만 진위 여부가 불투명하다.

황금으로 된 두상. 아프리카의 왕들은 자신이 직접 검鋏 장식을 선택해 일종의 상징 혹은 표식으로 삼았다. 그중에서도 가장 자주 볼 수 있는 장신구 중 하나가 바로 무찌른 적의 두상이었다. 이 황금 두상은 아산티 국왕 코피 카카리Kofi Kakari의 금고에 보관되어 있었다.

울여서는 안 되고, 자신의 목표를 확고하게 추구하며, 자신이 내린 결정에 대해 동요해서는 안 됩니다. 이처럼 처신하지 않는 군주는 아첨꾼들 사이에서 몰락하거나 상반된 조언 때문에 결정을 자주 바꾸게 됩니다. 그 결과 군주는 존경받지 못하게 됩니다.

이에 관한 최근의 사례를 들어 보겠습니다. 현재 막시밀리안 황제(*막시밀리안 1세Maximilian I를 가리킴)의 조언자인 루카 신부(*루카 리날디를 가리킴)는 황제가 누구와도 상의하지 않지만 그렇다고 자신이 정말 원하는 대로 행동한 적도 결코 없다고 말한 적이 있습니다. 이러한 사태는 황제가 제가 앞에서 권고한 것과 반대로 행동한 데서 비롯된 결과입니다. 황제는 항상 비밀에 싸인 인물로, 누구에게도 자신이 어떤 계획을 세우고 있는지를 알려 주지 않으며 조언을 구하지도 않습니다. 그러나 그가 자신의 계획을 수행함에 따라 궁정 사람들도 그것에

베르사유 궁전. 루이 14세 때 지은 궁전으로 온 유럽에서 가장 화려한 궁전이었다. 온갖 사치품이 가득했던 장소다.

왕과 왕비. 오만함과 권력을 가진 왕족의 풍모를
잘 드러내고 있다.

관해 알게 되고, 그제야 달리 행동하라고 조언하기 시작합니다. 그렇
게 되면 황제는 성격이 단호하지 않기 때문에 설득당해서 자신의 계획
을 포기하기도 합니다. 바로 이런 이유로 어느 날 그가 명령한 것이 다
음 날 취소되고 그가 원하거나 하고자 하는 바가 무엇인지 아무도 알
지 못하게 되어 누구도 황제의 결정을 신뢰할 수 없게 됩니다.

따라서 군주는 항상 조언을 들어야 하지만, 남이 원할 때가 아니라
자신이 원할 때 들어야 합니다. 요구하지 않았는데도 누군가가 조언을
하려고 하면 저지해야 합니다. 그렇지만 언제나 정보와 의견을 구하고
자신이 제기한 사안에 관한 솔직한 견해에 참을성 있게 귀 기울이는
자세가 되어 있어야 합니다. 반면에 누군가가 무슨 이유에서든 침묵을
지킨다는 사실을 알게 되면 노여움을 표해야 합니다.

많은 사람이 군주가 현명하다는 평판을 듣는 것은 군주가 현명해서

가 아니라 단지 그의 조언자들이 훌륭한 성품을 갖추었기 때문이라는 견해를 피력합니다. 하지만 이는 분명히 잘못된 견해입니다. 현명하지 못한 군주는 적절한 조언을 받지 못할 것이라는 점이 불을 보듯 빤하기 때문입니다. 굳이 예외가 있다면 매우 신중하게 매사를 처리하는 조언자에게 군주가 우연히 자신을 전적으로 내맡긴 경우입니다. 이때 그는 확실히 적절한 조언을 받기는 하겠지만, 그러한 조언자는 쉽게 그의 국가를 탈취할 수 있으므로 그의 권력은 오래 지속되지 못합니다. 반대로 현명하지 못한 군주가 여러 사람에게서 조언을 받게 되면 항상 상충하는 조언들을 듣게 될 뿐만이 아니라 그런 다양한 조언을 스스로 조정할 줄도 모를 것입니다. 그 조언들은 모두 자신들의 이해관계를 항상 우선시할 것이기 때문입니다. 현명하지 못한 군주는 이러한 현상을 이해하지도 못할 것이고, 바로잡을 수도 없을 것입니다. 그리고 인간이란 어떤 필연에 의해서 선한 행동을 강요받지 않는 한 군주에게 악행을 저지르기 때문에 이러한 결과는 불가피합니다. 따라서 좋은 조언이란 누구의 조언인지 상관없이 근본적으로 군주의 지혜에서 비롯되며, 적절한 조언에서 군주의 지혜가 비롯될 수는 없다고 결론을 내리겠습니다.

〈레오나르도 다 빈치의 죽음〉. 장 오귀스트 도미니크 앵그르가 그린 작품으로 예술가 옆에 있는 젊은이는 프랑수아 1세다. 레오나르도 다 빈치는 프랑스 왕의 초청으로 말년에 프랑스로 간다. 화가는 자신이 살았던 시대보다 300년 전에 벌어진 일을 당시 남아 있던 여러 초상화와 기록들을 바탕으로 재현해 냈다.

334

제24장
이탈리아 군주들이
국가를 잃은 이유

만약 위에서 언급한 조치들을 능숙하게 시행한다면, 이러한 조치들로 신생 군주는 매우 확고하게 보일 것이며, 그의 권력은 그가 세습 군주였을 때보다 짧은 시일 안에 더욱 공고해지고 안정될 것입니다. 신생 군주의 활동은 세습 군주의 활동보다 훨씬 많은 주목을 받기 마련입니다. 만약 그의 활동이 역량 있는 사람의 활동이라고 생각되면, 사람들은 유구한 혈통의 군주일 때보다 훨씬 깊이 감동하고 그에게 훨씬 큰 애착을 느낄 것입니다. 인간이란 과거의 일보다는 현재의 일에 훨씬 많은 관심을 두기 마련인데, 만약 그들이 현재 자신의 일이 잘 풀려 간다고 생각하면 만족하여 변화를 추구하지 않을 것이기 때문입니다. 실제로 그들은 신생 군주가 다른 면에서 과오를 범하지 않는 한 그를 지켜 주려고 가능한 모든 일을 하려고 할 것입니다. 그리하여 신생 군주는 이중의 영광을 누릴 수 있습니다. 그는 첫째로 새로운 군주국을 창건했고, 둘째로 훌륭한 법과 강력한 군대, 그리고 모범적인 행동을 통해서 그 나라를 잘 정비하고 강화했기 때문입니다. 그러나 나라를 물려받았지만 현명하지 못해서 나라를 잃게 된 군주는 이중의 수모를 겪게 됩니다.

나폴리 왕(*아라곤의 페데리코 1세 Federico I를 가리킴), 밀라노 공작(*루도비코 일 모로를 가리킴)처럼 근래에 권력을 잃은 이탈리아의 군주들을 살펴보면, 앞에서 장황하게 논의했듯이 첫째로 그들 모두 군사적으로 취약했음을 발견하게 됩니다. 둘째로 이들 나라 중 일부에서는 시민이 군주에게 적대적이었고, 또 다른 나라들에서는 시민은 군주에게 호의적이었지만 귀족이 적대적이 되어 군주는 자신의 지위를 유지할 수 없었습니다. 이러한 결함이 없다면 군사력을 유지할 능력이 있는 군주는 나라를 잃지 않기 때문입니다. 마케도니아의 필리포스 왕(*필리포스 5세를 가리킴)은 그를 공격한 로마와 그리스보다 그 권력과 영토가 보잘것없었습니다. 그럼에도 왕은 진정한 전사였으며 시민의 환심을 사고 귀족으로부터 자신의 안전을 지키는 방법을 알고 있었기에 강한 나라들에 맞서서 오랫동안 전쟁을 수행할 수 있었습니다. 자신이 다스리던 몇몇 도시를 잃기는 했지만, 여전히 자신의 왕국을 유지할 수 있었습니다.

따라서 오랫동안 다스리던 국가를 잃은 우리 시대의 군주들은 운명

왕 조각상. 소형 조각상이지만 간결한 선
으로 무한한 권력을 가진 왕의 형상을 표
현하고 있다.

무릎을 꿇은 이집트 제26왕조의 파
라오 넥타네보Nectânebo 조각상. 고
대 이집트의 조각으로 비교적 온전
하게 보존된 편이지만 코 부분이 손
상되어 있다.

을 탓할 게 아니라 자신의 무능함
을 탓해야 할 것입니다. 그들은 평
화의 시대에 사태가 변할 것이라고
는 전혀 생각하지 않았기 때문입니
다. 그러다가 상황이 바뀌어 역경
에 처하면 방어할 생각은 하지 않
고 오직 도망갈 궁리만 했습니다.
이 책략은 다른 모든 책략이 가능
하지 않을 때에는 온당할 수 있지
만 다른 해결책들을 등한시하고 이
책략에만 기대는 것은 가당치 않습
니다. 사람은 누군가가 자신을 일
으켜 세워 줄 거라 기대하고 넘어
져서는 안 됩니다. 그러한 일이 일
어나건 일어나지 않건 이러한 책략

헝가리 국립박물관.

은 자신의 안전을 도모해 주지 못합니다. 게다가 그러한 방어책은 자
신의 능력 밖에 있는 무엇에 의존하기에 취약하고 비겁한 것입니다.
자신이 주도하고 자신의 역량에 기초한 방어책만이 효과적이고 확실
하며 영구적입니다.

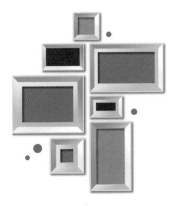

제25장
운명이 삶에서 차지하는 정도와
운명에 대처하는 방법

저는 본래 세상일이란 운명과 신이 다스린다고 생각하기 때문에 많은 사람이 인간의 신중함으로는 이를 통제할 수 없다고 생각해 왔고 여전히 그렇게 생각한다는 점을 잘 알고 있습니다. 게다가 사람들은 그런 사태에 대해 인간이 어떠한 해결책도 강구할 수 없다고 여깁니다. 그러므로 매사에 땀 흘리며 애써 노력해 봤자 소용없으며, 운명이 지배하도록 내버려 두는 편이 더 낫다고 결론지을 수 있습니다. 이러한 견해는 지금까지 일어난, 그리고 매일 일어나는 인간의 예측을 넘어선 커다란 격변 때문에 우리 시대에 더욱 설득력을 얻

루브르 박물관의 스테인드글라스.

고 있습니다. 이 문제를 생각할 때, 저 자신도 간혹 어느 정도까지는 여기에 공감합니다. 그러나 인간의 자유 의지를 박탈하지 않기 위해서 저는 운명이란 우리의 행동에 대해 절반만 주재할 뿐이며 대략 나머지 절반은 우리 자신의 통제 범위에 있다는 생각이 진실이라고 판단합니다.

저는 운명의 여신을 험난한 강에 비유합니다. 이 강은 일단 노하면 평야를 덮치고 나무나 집을 파괴하며 이쪽 땅을 들어 저쪽으로 옮겨 놓기도 합니다. 모든 사람이 그 격류 앞에서는 도망을 가고, 어떤 방법으로도 제지하지 못하고 굴복하고 맙니다. 그렇다고 해서 평온한 시기에 인간이 제방과 둑을 쌓아 예방 조치를 함으로써 나중에 강물이 불더라도 물줄기를 수로로 돌려 제방을 넘지 못하게 하거나, 혹은 제방을 넘어 범람했을 때 그 힘을 통제할 수 없다거나 피해가 덜 가도록 할

파라오 조각상. 1940년 2월 28일에 이집트의 고고학 유적을 발굴하던 중 출토된 주요 물품 중 하나다. 눈부시게 빛나는 조각상은 파라오의 권력의 장엄함과 위대함을 잘 드러낸다.

수 없음을 의미하지는 않습니다.

운명도 마찬가지입니다. 운명은 자신에게 대항할 아무런 역량도 갖추어져 있지 않은 곳에서 위력을 떨치며, 자신을 제지하기 위한 아무런 제방이나 둑이 마련되어 있지 않은 곳을 덮칩니다. 우리 시대의 격변의 근원이자 무대인 이탈리아를 살펴보면, 이 나라가 바로 제방이나 둑이 없는 들판임을 알 수 있습니다. 이 나라가 독일, 스페인, 프랑스처럼 적절한 역량에 의해 미리 제방을 쌓았더라면, 홍수가 그렇게 커다란 격변을 초래하지 않았거나 아니면 아예 홍수가 일어나지도 않았을 것입니다. 대체로 이 정도면 일반적인 차원에서 운명에 대처하는 일에 관해 충분히 말한 셈입니다.

이 문제를 좀 더 구체적으로 살펴보면, 어떤 군주가 성격이나 능력은 전혀 변하지 않았음에도 오늘은 흥했다가 내일은 망하는 모습을 목

342

부다페스트에 있는 헝가리 국회의사당.

격하게 됩니다. 저는 이러한 변화가 우선 이미 상세하게 논한 원인, 즉
전적으로 운명에 의존한 군주가 그 운명이 변할 때 몰락하게 되는 데
에서 기인한다고 믿습니다. 또한 저는 군주의 대처 방식이 시대와 상
황에 적합할 때 성공하고, 그렇지 못할 때 실패한다고 믿습니다. 인간
은 자신이 추구하는 목표, 즉 영광과 부에 대해 상이한 방법으로 접근
합니다. 한 사람은 신중하고 다른 한 사람은 과감하게, 한 사람은 난폭
하고 다른 한 사람은 교활하게, 한 사람은 참을성 있고 다른 한 사람은
그 반대로 나아갑니다. 이처럼 상이한 각각의 행동 방식은 효과적일
수 있습니다. 반면에 두 사람 모두 신중하지만 한 사람은 자신의 목표
를 달성하고 다른 한 사람은 실패하기도 합니다. 또한 상이한 두 사람
이 한 사람은 신중하게, 그리고 다른 한 사람은 과감하게 행동하는데
도 모두 성공하기도 합니다.

이탈리아는 여러 반도와 섬으로 이루어져 오래전부터 해상과 무역이 발달했다.

이처럼 서로 다른 결과가 발생하는 이유는 그들의 행동 양식이 그들이 행동하는 상황에 부합하는가에서 찾을 수 있습니다. 결과적으로, 제가 말한 것처럼 상이하게 행동하는 두 사람이 동일한 결과를 성취할 수 있습니다. 그리고 두 사람이 똑같은 방법으로 행동했지만 한 사람은 성공하고 다른 한 사람은 실패할 수 있습니다. 이로부터 흥망성쇠가 거듭됩니다. 어떤 사람이 신중하고 참을성 있게 행동하고 시대와 상황이 그의 처신에 적합한 방향으로 변화하면 그는 성공할 것입니다. 그러나 시대와 상황이 다시 변화했는데 그는 자신의 방식을 변화시키지 않았다면 이 때문에 실패할 것입니다. 이런 변화에 맞추어 유연하게 행동하는 방법을 알 만큼 지혜로운 사람을 발견하기란 어렵습니다. 우리의 타고난 기질이 그러한 변화를 용납하지 않거나, 아니면 일정한 방법으로 행동함으로써 항상 성공을 거두었기 때문에 자신의 방법을 변화시키는 것이 좋다고 생각하지 않기 때문입니다. 따라서 신중한 사람이 신속하게 행동해야 하는 상황에 처하면, 그는 어떻게 행동할지 모를 것이고 이 때문에 실패하게 됩니다. 그러나 만약 그가 시대와 상황에 알맞게 자신의 성격을 변화시킬 수 있다면 운명은 변화하지 않을 것입니다.

교황 율리우스 2세는 항상 과감하게 모든 일을 처리했는데, 일 처리 방식이 시대와 상황에 적절하게 알맞았기 때문에 항상 성공할 수 있었습니다. 조반니 벤티볼리오 Giovanni Bentivoglio(1358년경-1402)가 아직 살아 있을 때, 율리우스가 볼로냐에 감행했던 첫 원정을 살펴보겠습니다. 베네치아인들은 그 계획에 반대했고, 스페인 왕 역시 반대했습니다. 그 작전에 관해서 율리우스는 프랑스 왕과 아직 협상하는 중이었

카탈루냐 국립미술관에 있는 초대형 파이프오르간.

습니다. 그럼에도 교황은 특유의 기재와 과감성을 과시하면서 친히 원정을 지휘했습니다. 이러한 진격은 스페인 왕과 베네치아인들의 허를 찔렀고, 이로써 그들은 아무런 대책을 마련하지 못한 채 수동적인 방관자가 될 수밖에 없었습니다. 후자는 두려워서, 전자는 나폴리 왕국 전체를 재탈환하고 싶은 욕망으로 수수방관했습니다.

한편, 율리우스 교황은 프랑스 왕을 끌어들였습니다. 프랑스 왕은 베네치아의 영향력을 축소시키려는 교황과 친선 관계를 확립하고 싶어 하던 참이었는데, 교황이 이미 작전을 개시한 이상 공공연하게 교황의 감정을 거스르지 않고는 군대의 파견을 거부할 수 없다고 판단했습니다. 율리우스는 이와 같은 신속한 진격으로 사려 깊은 다른 어떤 교황도 불가능했던 업적을 성취했습니다. 만약 그가 다른 교황들처럼 모든 조건을 합의하고 해결한 후에야 비로소 로마를 떠나려고 했더라

면, 결코 성공하지 못했을 것입니다. 프랑스 왕은 어떻게든 자국 군대의 원정 파견을 거절할 많은 핑계를 꾸며 댈 수 있었을 테고, 다른 나라들은 교황이 두려움을 느끼고 신중하게 처신할 수밖에 없는 온갖 이유를 내놓았을 것이기 때문입니다. 교황의 이와 비슷한 다른 행동을 여기에서 자세히 논하지는 않겠으나 그의 모든 행동은 비슷했으며 그에게 좋은 결과를 가져다주었습니다. 생애가 짧았기 때문에 그는 실패를 맛보지 않았습니다. 그러나 신중한 행동이 요구되는 상황에 처했더라면 그는 몰락했을 것입니다. 결코 자신의 타고난 성질과 다른 행동은 하지 못했을 것이기 때문입니다.

따라서 저는 운명은 가변적인데 인간은 유연성이 결여되어 있고 자신의 방식을 고집하므로 인간의 처신 방법이 운명과 조화를 이루면 성공해서 행복해지고, 그렇지 못하면 실패해서 불행해진다고 결론짓겠습니다. 하지만 저는 신중한 것보다는 과감한 것이 더 좋다고 분명히 생각합니다. 운명은 여성(*이탈리아어로 운명을 뜻하는 fortuna는 여성 명사)이고 만약 당신이 그 여성을 손에 넣고 싶다면, 그녀를 거칠게 다루는 것이 필요하기 때문입니다. 그리고 그녀가 냉정하고 계산적인 사람보다는 과단성 있게 행동하는 사람에게 더욱 매력을 느낀다는 것은 명백합니다. 운명은 여성이므로 그녀는 항상 청년들에게 이끌립니다. 청년들은 덜 신중하고, 더 공격적이며, 그녀를 더욱 대담하게 다루고 제어하기 때문입니다.

제26장
야만족으로부터
이탈리아를 해방시키기 위하여

        지금까지 논의한 전부를 고려하면서 저는 현재 이탈리아의 상황이 새로운 군주에게 영광을 가져다줄 만큼 무르익었는가, 그리고 여기에서 발견되는 질료가 신중하고 역량 있는 군주에게 영광을, 그리고 모든 시민에게는 행복을 가져다줄 수 있는 형태로 빚어질 기회를 과연 확실히 보장하는가에 대해 곰곰이 생각해 봅니다. 제게는 너무나 많은 요소가 서로 결합하여 새로운 군주에게 상서로운 기회를 제공하는 것처럼, 다시 말해 제가 아는 한 과거에 이보다 적절한 시기는 결코 없었던 것으로 보입니다.

왕과 왕비의 좌상坐像. 인물의 앉은 자세가 차분하고 엄숙하여 왕족의 풍모를 보여 준다. 왕비는 단정하고 우아한 자세로 두 손을 무릎에 얹고 있고 왕은 한 손은 무릎에, 다른 한 손에는 권력을 상징하는 물건을 들고 있다.

　제가 이미 주장했듯이 모세의 출중한 역량을 보여 주기 위해 이스라엘 민족은 이집트에 예속되어야 했고, 키루스의 위대한 정신이 드러나기 위해 페르시아인들은 메디아인들에게 억눌려 지내야 했으며, 테세우스의 탁월함을 과시하기 위해 아테네인들은 지리멸렬한 상태에 있어야 했습니다. 마찬가지로 한 출중한 이탈리아인의 역량이 드러나기 위해 이탈리아는 현재처럼 절망적인 상황에 봉착해야 했습니다. 이탈리아인들은 이스라엘인들보다 더 예속되어 있고, 페르시아인들보다 더 억압받으며, 아테네인들보다 더 지리멸렬한 데다, 인정받는 지도자도 없고, 질서나 안정도 없으며, 짓밟히고, 약탈당하고, 갈기갈기 찢기고, 유린당해 한마디로 완전히 황폐한 상황에 처해 있습니다.

　그런데 최근에 한 인물(*체사레 보르자를 가리킴)을 통해서 한 줄기 빛이 나타나기도 했으며, 사람들은 그가 이탈리아의 속죄와 구원을 성취하기 위해 신이 선택한 인물이 아닌가 하고 생각하게 되었습니다. 그러나 그는 생애의 절정에서 운명의 일격을 당해 쓰러져 버렸습니다.

트로이 전쟁에서 싸우는 아이네이아스. 이탈리아 화가 페데리코 바로치Federico Barocci가 그렸다. 그는 헥토르에 버금하는 트로이의 명군이었다.

네페르티티Nefertiti 왕비 흉상. 그녀는 이집트 제
18왕조(신왕국 시대)의 파라오 아크나톤Akhnaton
의 왕비였다.

그 후 거의 활기를 잃은 이탈리아는 자신의 상처를 치유하고 롬바르디
아에서 자행되는 약탈 및 나폴리 왕국과 토스카나 왕국에서 일어나는
수탈에 종지부를 찍고 그토록 오랫동안 당한 고통을 치유해 줄 누군가
를 애타게 기다리고 있습니다. 지금 이탈리아가 신에게 외세의 잔혹하
고 오만한 지배로부터 자신을 구원해 줄 수 있는 누군가를 보내 달라
고 얼마나 간절히 기도하고 있는가를 살펴보십시오. 또한 깃발을 드는
자가 나타나기만 한다면 이탈리아가 얼마나 기꺼이 그 뒤를 따라나설
만반의 준비가 되어 있는가를 살펴보십시오.

　이탈리아가 이제 희망을 걸 만한 대상은 오직 영광스러운 전하의
가문뿐입니다. 전하의 가문이야말로 행운과 역량을 갖추고 있으며 신
과 교회의 가호를 받고 있어 나라를 구원하는 데 앞장설 수 있습니다.
만약 전하께서 앞에서 언급한 위인들의 행적과 생애를 명심한다면, 그

바르셀로나 구엘 공원. 스페인이 자랑하는 세계적인 건축가 안토니 가우디Antoni Gaudi의 작품으로 유명하다.

일이 그리 어렵지 않다는 점을 알게 될 것입니다. 비록 그들은 예외적이고 탄복할 만한 인물들이었지만, 그들 역시 인간이었으며 그들은 모두 지금처럼 유리한 기회를 얻지는 못했습니다. 그들의 과업이 이보다 정의롭거나, 더 용이하거나, 신의 가호를 더 받은 것은 아니었기 때문입니다. 이것은 정말 위대한 정의입니다. "불가피하게 수행하는 전쟁은 정의로운 전쟁이며, 무력에 호소하는 전쟁 외에는 아무런 희망이 없을 때의 무력은 신성한 것입니다." (*리비우스의 『로마사』 9권 1절에 나오는 문구다.) 이제 전하께서는 실로 놓칠 수 없는 좋은 기회를 맞이했으며, 이렇게 좋은 기회를 맞이했을 때 전하의 가문이 제가 모범으로 제시한 위인들의 방식을 따르기만 한다면 커다란 위험이란 있을 수 없을 것입니다. 게다가 전례가 없는 사건들, 즉 신이 전하에게 보내는 영험한 징조들이 나타나고 있습니다. 다시 말해 바다가 갈라지고,

왕 조각상. 콩고에서 만든 목조 조각이다. 콩고와 다른 지역의 국왕 간에는 현저한 차이점이 있는데, 콩고의 국왕은 모두 수공예에 정통한 전문가라는 점이다.

구름이 길을 지시하며, 돌에서 물이 솟아나고 하늘에서 만나manna(*옛날 이스라엘인들이 광야를 헤맬 때 신이 내려 준 음식)가 내리는 등 모든 것이 전하께서 성취할 미래의 위대함을 예시하고 있습니다. 그러나 신은 우리 몫의 자유 의지와 영광을 박탈하지 않기 위해 모든 것을 스스로 다하기를 원하지 않으므로 전하 역시 자기 몫의 역할을 해야 합니다.

앞에서 언급한 이탈리아인 중 누구도 영광스러운 전하의 가문이 성취할 것으로 기대되는 바를 성취할 수 없었다든지, 이탈리아에서 일어난 모든 격변이나 전투에서 이탈리아인들의 군사적 용맹이 더 이상 존재하지 않는 것처럼 보인다든지 하는 것은 놀라운 일이 아닙니다. 이는 우리의 옛 제도가 부실한 데다 누구도 새로운 제도를 고안하는 법을 알지 못했기 때문입니다. 새로운 군주에게 새로운 법과 제도를 창

성모 마리아 대성당의 도금된 격자무늬 천장. 알렉산데르 6세가 헌정한 것으로 알려져 있다.

안하는 것처럼 커다란 명예를 가져다주는 일은 없습니다. 그러한 제도들이 견고하게 마련되어 위업을 성취하는 데 기여하면 군주는 존경과 칭송을 받습니다. 그리고 이탈리아에는 어떤 형상으로든 빚어낼 수 있는 좋은 재료가 절대 부족하지 않습니다.

이탈리아의 개개인들에게는 탁월한 역량이 잠재해 있는데, 지도자들은 이러한 역량을 갖추지 못했습니다. 결투나 적은 수의 사람들이 싸울 때 이탈리아인의 힘과 능력, 재주가 얼마나 탁월한지를 보십시오. 그러나 일단 군대라는 형태로 싸우는 일에서는 결코 두각을 나타내지 못합니다. 이 모든 것은 지도자의 유약함에서 비롯됩니다. 유능한 사람에게는 추종자가 없고, 모든 사람은 제각기 자신이 제일 잘났다고 생각합니다. 이제까지 그 누구도 다른 지도자들로 하여금 우월함을 인정하게 할 정도로 자신을 부각시키는 데 성공할 만한 충분한 역

이탈리아 국기에 있는 초록색은 독립과 대지(땅), 하얀색은 순결과 통일, 빨간색은 독립을 위해 희생한 모든 이의 피를 상징한다.

량이나 행운이 없었습니다.

그 결과 오랫동안, 즉 지난 20년 동안 싸운 모든 전쟁에서 오직 이탈리아인 병사들만으로 구성된 군대는 항상 부진을 면치 못했습니다. 처음에는 타로, 그리고 알렉산드리아, 카푸아, 제노바, 바일라, 볼로냐 및 메스트리의 전투들은 모두 이 판단의 타당성을 입증합니다.

만약 영광스러운 전하의 가문이 나라를 구출한 위대한 인물들을 본받고자 한다면, 다른 무엇보다도 모든 군사 행동의 건전한 기반으로 전하 자신의 사람들로 구성된 군대를 조직하는 게 급선무입니다. 그보다 충성스럽고 믿을 만하며 훌륭한 군대는 없기 때문입니다. 그리고 각 병사는 개별적으로도 용감하지만 자신의 군주에게 직접 지휘를 받고 존중과 후대를 받으면 한데 뭉쳐서 훨씬 훌륭한 전투력을 발휘할 것입니다. 따라서 이탈리아인의 용맹으로 외적으로부터 우리를 보호하려면 전하의 사람들로 구성된 군대를 양성하는 것이 필수입니다.

스위스와 스페인의 보병은 비록 매우 위협적이라는 평판을 얻었지만 둘 다 약점이 있기에 제3의 보병 형태로 그들을 능히 대적할 수 있을 뿐만이 아니라 격파할 수 있다고 확신합니다. 스페인 보병은 기병에 약하고 스위스 보병은 자신들처럼 완강하게 싸우는 보병에는 겁을 집어먹기 때문입니다. 우리는 실제로 스페인군이 프랑스 기병에게 꼼짝하지 못하고 스위스군이 스페인 보병에게 굴복하고 만다는 것을 이미 경험을 통해 보아 왔고, 앞으로도 그럴 것입니다. 물론 스위스군의 약점에 관해서는 결정적인 증거가 없지만, 라벤나 전투에서 약간의 징후가 보였습니다. 그 전투에서 스페인 보병은 스위스군과 같은 전투

대신大臣 부부 조각상. 이집트 기자 지역의 고대 무덤 마스터바Mastaba(*고대 이집트 묘의 형식 중 하나)에서 발견되었다. 고대 이집트 제5왕조 시대의 작품이다. 이 작품을 통해 신하의 조각상은 왕의 조각상처럼 화려하지 않다는 점을 알 수 있다.

대형을 취하는 독일군과 싸웠는데, 스페인 보병은 그들의 기민성과 손에 쥔 작은 방패를 활용하여 독일군의 긴 창 밑으로 뚫고 들어가 별다른 위험을 겪지 않고 적군에 치명적인 타격을 입힐 수 있었습니다. 독일군은 스페인 보병을 격퇴할 수 없었고, 만약 기병이 스페인 보병을 향해 달려들지 않더라면 독일군은 몰살당했을 것입니다. 일단 스페인과 스위스 보병의 약점을 포착하면, 기병대를 격퇴하고 보병 부대에 위축되지 않는 새로운 보병 편제를 조직할 수 있을 것입니다. 그리고 이는 무기를 적절히 쇄신하고 전투 대형을 바꿈으로써 성취할 수 있을 것입니다. 이와 같은 조치들은 새로운 제도로서 새로운 군주에게 명성과 위대함을 가져다줄 것입니다.

이탈리아는 그토록 오랜 시일 동안 고대해 온 구세주를 만나기 위해서 무슨 일이 있더라도 이 기회를 절대 놓칠 수 없습니다. 저는 이

콘스탄티누스Constantinus 두상. 이 작품을 통해 로마 제국 후기의 예술과 훗날 유럽 중세의 기독교 예술이 일맥 상통함을 엿볼 수 있다. 당시에 이미 왕권이 신성화되었으며 신神 중심의 기독교 사상이 왕의 조각상에도 침투 했음을 알 수 있다.

《카를 5세와 이사벨라》. 스페인 엘 에스코리알El Escorial의 왕릉을 위해 만들어진 카를 5세의 조각 상이다.

모든 감정을 이루 말로 형언할 수가 없습니다. 이방인들의 범람으로 고난을 겪던 이탈리아의 방방곡곡에서 사람들이 얼마나 많은 흠모의 정을 가지고, 얼마나 많은 복수의 열망을 가지고, 얼마나 강건한 믿음을 가지고, 그리고 얼마나 많은 충성심과 눈물을 가지고 구세주를 맞이하겠습니까! 그때 어떤 닫힌 문이 그의 앞을 가로막겠습니까? 어떤 시민이 그에게 복종하기를 거부하겠습니까? 어떤 시기심이 그를 막아서겠습니까? 야만족의 폭정의 냄새가 모든 사람의 코를 찌릅니다. 이제 영광스러운 전하의 가문이 모든 정당한 임무를 수행하는 데 따르는 기백과 희망을 품고 이 사명을 떠맡으셔야 합니다. 그리하여 전하의 깃발 아래 우리의 조국은 숭고해질 것이며, 전하의 지도 아래 페트라르카Francesco Petrarca의 시구가 현실로 실현될 수 있을 것입니다.

야만적인 폭정에 굴복하지 말고

무기를 들고 나서라.

전투는 길지 않을 것이니.

이 모두가

선조의 용맹함이

이탈리아인들(우리 모두)의 가슴속에 숨 쉬고 있기 때문이리라.

(*프란체스코 페트라르카의 시집 『칸초니에레』에 실린 128번째 작품
「나의 이탈리아」로 시작되는 칸초네의 93-96행 구절이다.)

포르투갈 리스본의 아우구스타 거리에 있는 승리의 아치. 리스본의 상징이기도 하다. 16세기에는 이곳에 황궁이 있었는데, 1755년의 대지진으로 사라졌다. 광장 중심에는 주제 1세Jose I의 기마상이 자리하고, 후방에는 개선문이 있다. 광장 양쪽에 있는 건축물은 정부의 관공서다.

피렌체를 중심으로 이탈리아를 넘어 전 세계적으로 이름을 알린 메디치 가문 문장.

21세기 CEO를 위한 제언
명화로 읽는 군주론

초판 1쇄 인쇄 2021년 11월 15일
초판 1쇄 발행 2021년 11월 22일

지은이 | 니콜로 마키아벨리
편저자 | 박준희
옮긴이 | 김경숙
발행인 | 박준희
발행처 | (주)아이넷방송- **아이넷북스**
기획 및 진행 | 이승렬, 양진아

주 소 | 서울특별시 서초구 양재천로11길 34, 아이넷빌딩 6층(06754)
전 화 | 02-3663-9201
팩 스 | 02-3663-9207
등록번호 | 제2013-000108호
등록일자 | 2012년 7월 10일
홈페이지 | www.booksand.co.kr

ⓒ(주)아이넷방송- **아이넷북스** 2021

ISBN | 979-11-87352-04-4 03340